企业在节能减排中的法律责任研究

陶伦康　鄢本凤　著

吉林大学出版社
·长春·

图书在版编目（CIP）数据

企业在节能减排中的法律责任研究 / 陶伦康，鄢本
凤著．— 长春：吉林大学出版社，2021.10
ISBN 978-7-5692-9000-4

Ⅰ．①企… Ⅱ．①陶… ②鄢… Ⅲ．①节能减排－环
境保护法－企业责任－法律责任－研究－中国 Ⅳ.
① D922.684

中国版本图书馆 CIP 数据核字 (2021) 第 201233 号

书　　名：企业在节能减排中的法律责任研究
QIYE ZAI JIENENG JIANPAI ZHONG DE FALÜ ZEREN YANJIU

作　　者：陶伦康　鄢本凤　著
策划编辑：邵宇彤
责任编辑：马宁徽
责任校对：郭湘怡
装帧设计：优盛文化
出版发行：吉林大学出版社
社　　址：长春市人民大街4059号
邮政编码：130021
发行电话：0431-89580028/29/21
网　　址：http://www.jlup.com.cn
电子邮箱：jdcbs@jlu.edu.cn
印　　刷：定州启航印刷有限公司
成品尺寸：170mm×240mm　　16开
印　　张：8.5
字　　数：110千字
版　　次：2021年10月第1版
印　　次：2021年10月第1次
书　　号：ISBN 978-7-5692-9000-4
定　　价：45.00元

Contents
目录

第一章 导 论

本章主要阐述研究问题提出的时代背景，概述本研究的基本思路与研究方法，对国内外相关研究予以梳理，在此基础上，从研究视角、研究内容、研究思路与研究理念上介绍本研究的创新之处与研究意义。

一、问题提出的时代背景

我国将能源消耗强度降低和主要污染物排放总量减少确定为国民经济和社会发展的约束性指标开始于"十一五"时期。"十二五"时期，我国制定了覆盖范围更广、更为细致明确的节能减排目标。2012年11月，党的十八大报告首次单篇论述生态文明，把生态文明建设摆在总体布局和五位一体的高度来论述。节能减排已成为涉及政府、企业和社会公众等多主体与政治、经济和法律等多领域的时代课题。

（一）国际节能减排理念的兴起 [1]

全球气候的变化，已不仅仅是环境问题，它已经开始影响人类的生

---

[1] 陶伦康,鄢本凤.政府在节能减排中的生态责任研究[M].北京:科学出版社,2016:5.

存与发展。① 因此，对能源安全和气候变化的重视是催生节能减排理念兴起的直接动因。

1992 年 6 月，在巴西里约热内卢举行的联合国环境与发展大会上，通过了以控制温室气体、防止气候系统受到人为破坏为目标的《联合国气候变化框架公约》，它是防止气候变化方面最重要的国际法律文件。该公约是世界上第一个为全面控制二氧化碳等温室气体排放，以应对全球气候变暖给人类经济和社会带来不利影响的国际公约。公约于 1994 年 3 月 21 日正式生效。1997 年在日本京都通过并于 2005 年生效的《京都议定书》，是人类"为防止全球变暖迈出的第一步"，是历史上第一个为发达国家规定减少温室气体排放的法律文件。②《京都议定书》首次以法律文件的形式规定了缔约方（主要为发达国家）在 2008 年至 2012 年的承诺期内应在 1990 年水平基础上减少温室气体排放量 5.2%。

美国学者莱斯特·R.布朗在 1999 年《生态经济革命——拯救地球和经济的五大步骤》一书中指出，创建可持续发展经济"首要工作乃是能源经济的变革"，并提出应尽快从以化石燃料（石油、煤炭）为核心的经济转变为以太阳能、氢能源为核心的经济，以面对地球温室化的威胁。③ 2001 年，在《生态经济：有利于地球的经济构想》一书中，他又明确提出为防地球气温加快上升，应把碳排放量减少一半，既要提高能源利用效率，又要向可再生能源转变。④ 这些真知灼见为当前世界各国制定节能减排政策法规奠定了理论基础。

---

① DOUMA W T, MASSAI L, MONTINI M. The Kyoto Protocol and beyond legal and policy challenges of climate change[M]. Hague: T.M.C.Asser Press, 2007:17-19.

② 邢继俊,黄栋,赵刚.低碳经济报告[M].北京:电子工业出版社,2010:16.

③ [美]莱斯特·R.布朗.生态经济革命——拯救地球和经济的五大步骤[M].台湾:扬智文化事业股份有限公司,1999:67.

④ [美]莱斯特·R.布朗.生态经济:有利于地球的经济构想[M].林自新,戢守志,等译.北京:东方出版社,2002:168.

节能减排作为经济政策概念的提出,最早见于 2003 年的英国能源白皮书《我们能源的未来——创建低碳经济》。该白皮书为英国节能减排发展设立了一个清晰的目标:计划到 2010 年,CO_2 排放量在 1990 年水平上减少 20%,到 2050 年减少 60%,从根本上把英国变成一个低碳经济国家。为了实现能源白皮书的目标,英国制定了一系列的气候政策来提高能源利用效率,降低温室气体排放量。2007 年 6 月,英国公布了《气候变化法案》草案,同时出台了《英国气候变化战略框架》,提出了全球低碳经济的远景设想,指出低碳革命的影响之大可以与第一次工业革命相媲美。通过激励机制促进低碳经济发展是英国气候政策的一大特色。英国气候变化政策中的经济工具包括气候变化税、气候变化协议、英国排放贸易机制、碳基金等。各种经济工具,不仅各具特色,而且是一个相互联系的有机整体。其中碳基金公司(The Carbon Trust)是英国政府支持下的一家独立公司,成立于 2001 年,其任务是通过与各种组织、机构合作,减少碳排放量,促进商业性低碳技术的开发利用,加速向低碳经济的转型。与欧盟单一的可再生能源计划或美国氢能经济相比,英国低碳经济的内涵更丰富,外延更广泛,不但包括对新能源和可再生能源的开发利用,而且涵盖了对矿物能源利用技术的改造和效率的提高,还涉及对整个经济系统的机构和技术改造等更加深入和广泛的层面。[①] 经过 2005 年在英国召开的由 20 个温室气体排放大国的环境和能源部长参加的"向低碳经济迈进"的高层会议之后,低碳经济概念很快为国际社会所接受,最终成为 2008 年世界环境日的主题。[②]

2006 年 10 月,英国政府发布了经济学家尼古拉斯·斯特恩主持完成的评估报告。这份名为《从经济角度看气候变化》的报告对全球变

---

① 邢继俊,黄栋,赵刚.低碳经济报告 [M].北京:电子工业出版社,2010:25.
② 陶伦康,鄢本凤.政府在节能减排中的生态责任研究 [M].北京:科学出版社,2016:89.

暖可能造成的经济影响给出了迄今为止最为清晰的图景：全球以每年GDP1%的投入，可以避免将来每年 GDP5% ~ 20% 的损失；在 2050 年以前，要使大气汇总的温室气体浓度控制在 550 ppm 以下，全球温室气体排放量必须在今后 10 ~ 20 年中达到峰值，然后以每年 1% ~ 3% 的速率下降；到 2050 年，全球排放量必须比现在的水平降低约 25%，即发达国家在 2050 年前绝对排放量减少 60% ~ 80%，发展中国家在 2050 年的排放量与 1990 年相比增长幅度不应超过 25%。[①]这份报告是为了评估向低碳型经济转变、不同适应办法的可能性，以及特别针对英国的教训。这是对"褐色经济"提出的第一个严重警告，低碳社会进入人们的视野。2008 年 4 月，斯特恩在 2006 年报告的基础上，再次发布了《气候变化全球协定的关键要素》，除了继续坚持全球温升上限控制在 2 度之外，提出大气温室气体稳定浓度的长期目标是 450 ~ 500 ppm，到2050 年实现全球人均排放 2 吨的趋同水平，要求发展中国家在 2020 年承诺具有约束力的排放目标。

欧盟一直作为应对气候变化的倡导者，积极推动国际温室气体的减排行动。自英国提出"低碳经济"之后，欧盟各国不同程度地给予积极评价并采取了相似的战略。欧盟委员会 2008 年 1 月发布的 20-20[②]气候和能源一揽子政策文件，旨在带动欧盟经济向高能效、低排放的方向转型，并以此引领全球进入"后工业革命"时代。根据该计划，欧盟于 2008 年初正式提出了其 2020 年目标，即"20/20/20"战略，宣布到2020 年温室气体在 1990 年的基础上减排 20%，可再生能源在欧盟能源消费中达到 20%，能源效率提高 20%。[③]2014 年制定并通过的 2030 年气

---

① STERN N.The economics of climate change: The stern review[M]. Cambridge: Cambridge University Press, 2007:48.

② 20-20 指"到 2020 年温室气体在 1990 年基础上减排 20%"。

③ Europen Commission,"20 20 by 2020-Europe's Climate Change Opportunity",COM（2008）30 final,Brussels,23.1.2008:106.

候与能源政策框架宣布到 2030 年可再生能源达到 27%，能源效率提高到 27%。①

2006 年 9 月，美国公布了新的气候变化技术计划。美国将推动在新一代清洁能源技术方面的研发与创新，尤其是将会提供资金用于开发燃煤发电的碳捕获与埋存技术，并鼓励可再生能源、核能以及先进的电池技术的应用，通过减少对于石油的依赖来确保国家的能源安全和经济发展。2007 年 7 月，美国参议院提出了《低碳经济法案》，表明低碳经济的发展道路有望成为美国未来的重要战略选择。美国前总统奥巴马上任后签署的总额为 7870 亿美元的经济刺激计划中，能源相关产业占据核心地位，提出了节能和提高能效、发展可再生能源和清洁替代能源、投资新能源和清洁能源技术研发、改变过度依赖石油进口状况、减少温室气体排放等一揽子综合能源改革和转型措施，不仅沿袭了美国过去关注清洁能源技术的一贯做法，更重要的是把能源发展、应对气候变化与经济振兴结合起来，意味着美国应对气候变化新机制的产生。在政府和市场的共同推动下，美国在当前和未来的温室气体减排技术和低碳经济发展方面有可能获取全球优势。2009 年 6 月，美国众议院通过了旨在降低美国温室气体排放、减少美国对外国石油依赖的《美国清洁能源安全法案》。该法案规定的减排目标为：至 2020 年，二氧化碳排放量比 2005 年减少 17%，至 2050 年减少 83%。尽管这一中期目标与国际社会的期望相距甚远，美国在应对气候变化的立法过程依然面临诸多挑战，但该法案的出台，仍然标志着美国在减排方面迈出了重要一步。②2017 年 6 月 1 日，美国前总统特朗普宣布美国将退出《巴黎协定》，2020 年 11 月 4 日，美国正式退出《巴黎协定》，尽管特朗普政府回避美国在国际

① Europen Council, "Europen Council（23 and 24 October 2014）Conclusions on 2030Climate and Energy Policy Framework",Brussels,23 October 2014:87.
② 陶伦康,鄢本凤.政府在节能减排中的生态责任研究 [M].北京：科学出版社,2016:36

社会上的气候治理责任，但低碳发展、绿色经济的理念已深入美国地方政府、企业与社区，其各类实践在各地区、行业和民众中得以生根发芽。2021 年 2 月 19 日，美国重返气候变化《巴黎协定》，拜登政府明确提出"将气候危机置于美国外交政策与国家安全的中心"。2021 年 4 月 22 日，美国总统拜登宣布到 2030 年将导致气候变化的气体排放较 2005 年减少 50% 至 52% 的目标。这一目标几乎把前总统奥巴马作出的到 2025 年将排放量比 2005 年降低 26% 至 28% 的承诺翻了一倍。[①]

政府间气候变化专门委员会（IPCC），2007 年第四次评估报告显示，二氧化碳的温室效应是引起气候变暖的主要原因。人口膨胀和人类社会追求经济发展的行为已经使全球环境发生了变化，人类的生存空间正在不断被改变。在过去 100 年里（1906—2005 年）全球平均地表温度升高了 0.74℃。升温速率还将不断加快，2100 年的全球温度有可能比 1900 年增加 1.4 ～ 5.80℃。以当前的减缓气候变化政策和相关可持续发展实践来看，全球温室气体排放在将来几十年将继续增长。到 2030 年，由于能源利用产生的 CO_2 排放将增长 45% ～ 110%，其中增量的 2/3 到 3/4 将源自发展中国家。IPCC 报告认为，在 2015 年之前会出现把大气中温室气体浓度稳定在 445 ～ 490 ppm 水平目标的 CO_2 排放高峰年，在 2020 年之前会出现稳定在 490 ～ 535 ppm 水平目标的 CO_2 排放高峰年，在 2030 年之前会出现稳定在 535 ～ 590 ppm 水平目标的 CO_2 排放高峰年。[②]

2007 年 12 月，在印尼巴厘岛举行的联合国气候变化大会上，制定了世人关注的应对气候变化的"巴厘岛路线图"，该路线图要求发达国家在 2020 年前将温室气体减排 25% ～ 40%。"巴厘岛路线图"为全球进一步推进节能减排起到了积极的作用，具有里程碑的意义。此后不

---

① 经济参考报 /2021 年 /4 月 /26 日 / 第 002 版

② IPCC.Climate change 2007: Mitigation of climate change[M].New York: Cambridge University Press,2007:267.

久，联合国环境规划署确定 2008 年"世界环境日"的主题为"转变传统观念，推行低碳经济"。2008 年 7 月，在 G8 峰会上，八国表示将寻求与《联合国气候变化框架公约》的其他签约方一道，共同达成到 2050 年把全球温室气体排放减少 50% 的长期目标。[①]2009 年 7 月，八国集团领导人表示，愿与其他国家一起达成到 2050 年全球温室气体排放量至少减半，并且发达国家排放总量届时应减少 80% 以上的目标。2009 年 12 月，在哥本哈根召开的《联合国气候变化框架公约》缔约方第 15 次会议，通过了《哥本哈根协议》，该协议维护了《联合国气候变化框架公约》及《京都议定书》确立的"共同但有区别的责任"原则，就发达国家实行强制减排和发展中国家采取自主减缓行动作出了安排。2012 年 11 月，在多哈召开的《联合国气候变化框架公约》第 18 次缔约方大会暨《京都议定书》第 8 次缔约方大会，这次会议从法律上确定了《京都议定书》第二承诺期，收获了为推进《联合国气候变化框架公约》而实施的长期合作行动全面成果，坚持了"共同但有区别的责任"原则，维护了《联合国气候变化框架公约》和《京都议定书》的基本制度框架。多哈会议把联合国气候变化多边进程继续向前推进，向国际社会发出了积极信号。

（二）我国节能减排战略的提出

我国提出并实施节能减排战略由来已久，特别是进入 21 世纪以来，伴随着我国作出建设资源节约型和环境友好型社会的重大决策，我国贯彻实施节能减排战略更加坚定不移。

---

① DTI(Department of Trade and Industry). Energy white paper: Meeting the energy challenge [Z]. London:DTI,2007:213.

表 1-1 我国节能减排战略发展轨迹梳理[①]

时间（年）	主要政策法规及重要会议	核心观点及意义
1979	《关于提高我国能源利用效率的几个问题的通知》	对我国在能源利用效率方面提出了具体规定
1979	国家经委决定把每年 11 月定为"节能月"	目的是增强全民节约能源、降低消耗、杜绝浪费的自觉性，深入、持久地开展能源节约工作
1980	《关于加强节约能源工作的报告》《关于逐步建立综合能耗考核制度的通知》	提出"开发与节约并重,近期把节约放在优先地位"的能源总方针
1981	《对工矿企业和城市节约能源的若干具体要求（试行）》《超定额耗用燃料加价收费实施办法》	这些指令性规定结合实际，要求全社会节能，具有很强的操作性。在国家大的宏观政策下，各地方也开始重视节能
1982	《关于按省、市、自治区实行计划用电包干的暂行管理办法》《征收排污费暂行办法》	该政策有力地支持和推动了当时的节能工作
1983	《中华人民共和国环境保护标准管理办法》	环保标准包括环境质量标准、污染物排放标准、环保基础标准和款保方法标准等
1984	《节能技术政策大纲》	对推动我国节能降耗工作，引导各行各业节能技术的开发、示范和推广，促进节能技术进步发挥了积极作用
1985	《工业企业环境保护考核制度实施办法（试行）》	提出工业企业在利用能源和各种资源生产产品的同时，要积极采用无污染或少污染工艺，搞好综合利用，尽可能不排放或少排放污染物，避免对周围环境的污染与破坏
1985	《国家经委关于开展资源综合利用若干问题的暂行规定》	提出了国家鼓励企业积极开展资源综合利用，对综合利用资源的生产和建设，实行优惠政策；企业必须执行治理污染和综合利用相结合的方针，实行"谁投资、谁受益"的原则
1986	《节约能源管理暂行条例》	是全面指导我国节能工作的第一个行政法规

---

① 陶伦康，鄢本凤.政府在节能减排中的生态责任研究 [M].北京：科学出版社,2016:67.

续 表

时间（年）	主要政策法规及重要会议	核心观点及意义
1987	《企业节约能源管理升级（定级）暂行规定》	提出了"以节能升级为基础促进企业升级"的方针
	《民用建筑节能设计标准（采暖居住建筑部分）》	促进了各种新型保温复合墙体材料、节能型建筑塑料窗、采暖供热技术的应用与发展，提高了当地社会的建筑节能意识，取得了明显的经济、社会和环境效益
1988	《污染源治理专项基金有偿使用暂行办法》	为做好污染源治理，合理使用污染源治理资金，国家设立污染源治理专项基金
1992	《关于解决我国城市生活垃圾问题的几点意见》	提出了加强城市垃圾管理，大力开展城市垃圾的回收综合利用，提高回收利用率
1994	《"1994 年全国节能宣传周"活动安排意见》	为了进一步贯彻"开发与节约并重"的能源方针，增强全民节能意识，定于 1994 年 10 月 3 日至 8 日开展"1994 年全国节能宣传周"活动
1995	《关于新能源和可再生能源发展报告》《1996—2010 年新能源和可再生能源发展纲要》	再次提出了积极发展风能、太阳能、地热等新能源和可再生能源
1998	《建设项目环境保护管理条例》	要求：建设产生污染的建设项目，必须遵守污染物排放的国家标准和地方标准；在实施重点污染物排放总量控制的区域内，还必须符合重点污染物排放总量控制的要求；改建、扩建项目和技术改造项目必须采取措施，治理与该项目有关的原有环境污染和生态破坏
1999	《中国节能产品认证管理办法》《重点用能单位节能管理办法》	对节约能源、保护环境、有效开展节能产品的认证工作、保障节能产品的健康发展和市场公平竞争、促进节能产品的国际贸易起到了促进作用
2000	《节约用电管理办法》	提出了"加强用电管理，采取技术上可行、经济上合理的节电措施，减少电能的直接和间接损耗，提高能源效率和保护环境"的政策
2000	《民用建筑节能管理规定》	提出"对不符合节能标准的项目，不得批准建设；建设单位应当按照节能要求和建筑节能强制性标准委托工程项目的设计

时间 （年）	主要政策法规及重要会议	核心观点及意义
2001	《关于加强利用废塑料生产汽油、柴油管理有关规定的通知》	国家有关部门将组织有关专家对利用废塑料生产汽油、柴油从技术、经济等方面进行综合研究，待技术成熟后，再推广应用
	《夏热冬冷地区居住建筑节能设计标准》	对夏热冬冷地区居建筑从建筑、热工和暖通空调设计方面提出节能措施，对采暖和空调能耗规定了控制指标
2002	《排污费征收使用管理条例》	加强对排污费征收、使用工作的指导、管理和监督；排污费的征收、使用必须严格实行收支两条线
2003	《关于2003年全国节能宣传周活动安排的通知》	节能与全面建设小康社会
2004	中央人口资源环境工作座谈会	首次提出建立"资源节约型社会"
	《能源中长期发展规划纲要（2004—2020年）》（草案）	提出把能源规划纳入经济社会发展总体规划
	《节能中长期专项规划》	提出了十大重点节能工程，并设计提出了2020年节能的目标要求
2005	中央人口资源环境工作座谈会	首次提出建立"资源节约型、环境友好型社会"
	《关于做好建设节约型社会近期重点工作的通知》	强调必须加快建设节约型社会，提出从节能、节水、节材、节地和资源综合利用五个方面建设节约型社会为近期重点工作
2005	《关于加快发展循环经济的若干意见》	提出了发展循环经济的三原则，即"减量化、再利用、资源化"
	《中共中央关于制定国民经济和社会发展第十一个五年规划的建议》	提出把节约资源作为基本国策，发展循环经济，保护生态环境，尽快建设资源节约型、环境友好型社会
	《关于发展节能省地型住宅和公共建筑的指导意见》	到2020年，我国住宅和公共建筑建造和使用的能源资源消耗水平要接近或达到现阶段中等发达国家的水平

续 表

时间 （年）	主要政策法规及重要会议	核心观点及意义
2006	《中华人民共和国国民经济和社会发展第十一个五年规划纲要》	提出"十一五"期间单位 GDP 能耗降低 20% 左右，主要污染物排放总量减少 10%，并作为具有法律效力的约束性指标
	《国务院关于"十一五"期间全国主要污染物排放总量控制计划的批复》	提出"十一五"期间，要加大工业污染源治理力度，严格监督执法，实现污染物稳定达标排放
	《关于加强节能工作的决定》	提出坚持开发与节约并举、节约优先的方针，大力推进节能降耗，提高能源利用效率；必须把节能工作作为当前的紧迫任务，列入各级政府重要议事日程
2007	《关于发布〈加强国家污染物排放标准制修订工作的指导意见〉的公告》	规定了国家污染物排放标准体系的设置原则、排放标准内容的设定要求及各类排放标准之间的关系等内容；它的公布标志着我国国家污染物排放标准的"标准"正式诞生，对于国家推进节能减排工作具有重大意义
	《能源发展"十一五"规划》	阐明国家能源战略，明确能源发展目标、开发布局、改革方向和节能环保重点，是未来五年我国能源发展的总体蓝图和行动纲领
	《关于印发节能减排综合性工作方案的通知》	对节能减排领域一系列重大政策方针进一步延伸与细化
2007	《关于印发中国应对气候变化国家方案的通知》	全面阐述了中国在 2010 年前应对气候变化的对策，这是中国第一部应对气候变化的政策性文件，也是发展中国家在该领域的第一部国家方案
	《可再生能源中长期发展规划》	提出到 2010 年，可再生能源消费量占能源消费总量的比重达到 10%，2020 年达到 15%，实现有机废弃物的能源化利用，基本消除有机废弃物造成的环境污染
	《"十一五"资源综合利用指导意见》	在分析我国资源综合利用现状的基础上，提出了 2010 年资源综合利用目标、重点领域、重点工程和保障措施

时间（年）	主要政策法规及重要会议	核心观点及意义
2008	《可再生能源发展"十一五"规划》	提出"十一五"时期我国可再生能源发展的首要任务是加快发展水电、生物质能、风电和太阳能，提高可再生能源在能源结构中的比重
	《污染源自动监控设施运行管理办法》	提出了加强对污染源自动监控设施运行的监督管理，保证污染源自动监控设施正常运行，加强对污染源的有效监管，是落实污染减排"三大体系"（节能减排统计、监测和考核体系）建设的重要措施
	《公共机构节能条例》	提出公共机构应当建立、健全本单位节能运行管理制度和用能系统操作规程，加强用能系统和设备运行调节、维护保养、巡视检查，推行低成本、无成本节能措施
2009	《关于开展"节能产品惠民工程"的通知》	决定安排专项资金，采取财政补贴方式，支持高效节能产品的推广使用
	《关于2009年深化经济体制改革工作的意见》	提出加快理顺环境税费制度，研究开征环境税；国家将完善节能减排目标责任评价考核体系和多元化节能环保投入机制等一系列与环保相关的机制建设
2009	国务院节能减排工作会议	提出把节能减排作为调整经济结构、转变发展方式的重要抓手，作为应对国际金融危机、促进经济发展的新的增长点
2010	《关于进一步加强中小企业节能减排工作的指导意见》	提出加快提高中小企业节能减排和资源综合利用水平，将加大财政资金支持力度，建立完善中小企业节能减排融资机制
	《关于进一步加大工作力度确保实现"十一五"节能减排目标的通知》	重申"十一五"节能减排目标，要求把节能减排放在更加突出的位置
	《国务院关于加快培养和发展战略性新兴产业的决定》	将节能环保纳入七大新兴产业之一，享受专项财政资金支持等一系列优惠政策

续 表

时间 （年）	主要政策法规及重要会议	核心观点及意义
2011	《国民经济和社会发展"十二五"规划纲要》	明确将资源节约和环境保护作为"十二五"期间的主要目标
	《"十二五"节能减排综合性工作方案》	制定了"十二五"期间节能减排主要目标，提出要通过调整优化产业结构、实施节能减排重点工程、完善节能减排经济政策等多种手段，确保"十二五"节能减排目标的实现
2012	《节能减排"十二五"规划》	提出到2015年，全国万元国内生产总值能耗比2010年下降16%；全国化学需氧量和二氧化硫排放总量比2010年各减少8%；全国氨氮和氮氧化物排放总量分别比2010年各减少10%
2016	《"十三五"节能减排综合性工作方案》	提出到2020年，全国万元国内生产总值能耗比2015年下降15%，能源消费总量控制在50亿吨标准煤以内；全国化学需氧量、氨氮、二氧化硫、氮氧化物排放总量分别控制在2001万吨、207万吨、1580万吨、1574万吨以内，比2015年分别下降10%、10%、15%和15%；全国挥发性有机物排放总量比2015年下降10%以上
2016	《国民经济和社会发展"十三五"规划纲要》	在"十三五"期间，能源消费总量控制在50亿吨标准煤以内。用水总量控制在6700亿立方米以内；在重点区域、重点行业推进挥发性有机物排放总量控制，全国排放总量下降10%以上
2021	《国民经济和社会发展"十四五"规划和2035年远景目标纲要》	在"十四五"期间，加强城市大气质量达标管理，推进细颗粒物（PM2.5）和臭氧（O_3）协同控制，地级及以上城市PM2.5浓度下降10%；氮氧化物和挥发性有机物排放总量分别下降10%以上；化学需氧量和氨氮排放总量分别下降8%

改革开放以来，我国政府对能源和环境问题非常重视，特别是2004年以来，节能减排作为中国经济社会发展中最重要的问题之一，已被提上国家最高决策层的议事日程。

二、研究的思路与方法

（一）研究思路

研究遵循提出问题（企业节能减排法律责任的内涵、企业履行节能减排法律责任的时代要求）→分析问题（企业在履行节能减排法律责任中的现实困境与制度缺陷）→解决问题（从增强企业履责压力、激发企业履责动力、提升企业履责能力三个方面完善企业节能减排法律责任的具体制度）的基本研究思路，具体研究路径如图1-1所示。

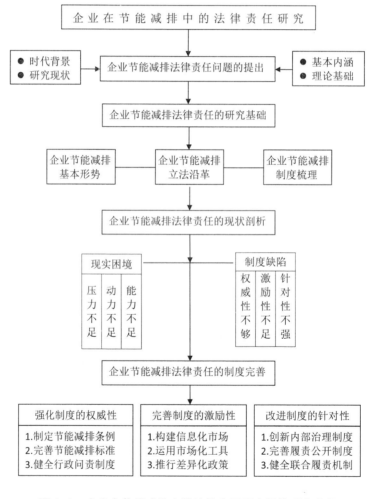

图1-1　企业在节能减排中的法律责任研究具体研究路径

（二）研究方法

在研究中，始终以马克思辩证唯物主义和历史唯物主义哲学思想为指导，贯彻理论联系实际的原则。结合研究内容的特点，在调查统计基础上，将定性与定量分析相结合，力求实现研究方法的创新与突破。具体研究方法包括：

1. 文献分析方法。在研究课题过程中，笔者不仅关注了国内外相关理论和研究成果，还认真梳理和分析了有关我国企业节能减排的法律、法规和政策文件，理清了企业节能减排法律责任的发展脉络、现实基础和制度缺陷，为企业节能减排法律责任的制度构建提供了坚实的理论基础。

2. 实证分析方法。课题在研究过程中，通过实地调研和其他多种渠道广泛收集与企业节能减排有关的统计数据、典型企业开展节能减排的经验和教训，在此基础上，概括出企业履行节能减排法律责任的实践困境，为课题研究明确了要解决的实际问题。

3. 经济分析方法。企业节能减排问题的根源是经济利益问题。是否有利于经济发展是企业节能减排法律制度是否合理、进步的重要标准之一。因此，本研究注重从经济方面分析企业节能减排法律责任问题，在激发企业履责动力和提升企业履责能力等方面都注重运用理性经济人趋利避害的本性，使企业节能减排法律责任制度呈现出一种市场化、高效、良性的运行模式。

三、国内外研究动态

学术发展本身是一个累积的过程，对以往研究成果的梳理，有助于为现有问题的研究提供基础。随着环境问题的日益严峻和企业对环境的影响日益增长，国内外学者开始关注与企业节能减排有关的法律责任的研究。总体来看，相关研究的发展过程为企业社会责任—企业环境责任—企业环境法律责任—企业节能减排法律责任。

（一）国外相关研究动态

在企业社会责任提出前，企业最大的目标是盈利，一切行动都以企业的经济利益为准。1919 年，德国《魏玛宪法》对所有权限制的规定，在法律中较早贯彻了企业社会责任理念。1924 年，美国谢尔顿最早提出，社区利益作为一项衡量尺度，远远高于公司的盈利。社区利益这一概念的提出，打破了企业经济利益追求这一唯一目标。20 世纪 70 年代，企业社会责任这一概念或者说这一提法，受到美国经济委员会的认可，名为《商事公司社会责任》一书中指出：主动承担社会责任可以使公司经营者更加灵活地、建设性地、高效率地开展经营活动，还可以避免公司在对社会责任麻木不仁导致商业道德危机时政府或社会对公司进行的不必要的制裁措施。①

受美国的影响，20 世纪 70 年代，英国学者也开始关注企业社会责任。英国工业联合会声明，有必要要求公司在法律上接受诸如"其商业活动的环境后果和社会后果方面的社会责任"。该声明在污染控制、资源保护、地方共同体事务以及国内和国际事务项下罗列出广泛的公司应考虑的问题。②从该声明中，我们发现，企业环境责任已伴随着企业社会责任开始受到关注。恩德勒提出企业环境责任主要是指"致力于可持续发展——消耗较少的自然资源，让环境承受较少的废弃物"③。

同时，20 世纪 70 年代，日本掀起反企业运动，环境问题成为公司社会责任的研究重点。木田川提出："作为自由经济的承担者，现在正确立与新时代相适应的主体性。企业、产业及地区的各个领域，对经济危机、环境、土地、国民福利问题等许多领域的问题，不能不做出积极的反应。"④

---

① 刘俊海.公司的社会责任 [M].北京：法律出版社,1999:39.
② 卢代富.企业社会责任的经济学与法学分析 [M].北京：法律出版社,2002:51.
③ ［美］乔治·恩德勒.面向行动的经济伦理学 [M].上海：上海社会科学院出版社,2002:167.
④ ［日］金泽良雄.当代经济法 [M].刘瑞复,译.沈阳：辽宁人民出版社,1988:96.

纵观各国对企业社会责任的研究，我们发现，企业环境责任是伴随着企业社会责任而发展的，是一种社会的产物，随着环境问题的国际化，企业环境责任备受关注，专家学者从不同学科、不同角度进行分析研究。与此同时，企业环境法律责任也受到西方学者的青睐，主要是基于对环境损害的诉讼案件的分析，从法学的不同角度对现行企业环境法律责任制度和传统部门法的相关法律规范的评价着手进行的。

原田尚彦指出，"现代社会中的企业，基于企业内部收益计算，把最大限度地获取收益作为自己的活动目标，从未考虑过企业活动波及企业外的影响即社会费用的问题……企业在这种价值观之下当然不会考虑对大气污染、水质污染等环境消耗支付代偿的问题，因而对向不产生收益的公害防止措施的投资及开发公害防止技术毫不热心就成自然了"①。

20世纪90年代以来，由于各国普遍开始推行以"清洁生产"、实行污染物"全程控制"和"源头削减"为主要内容的预防性环境政策，学者们更加注重对企业在节能减排中的环境法律责任具体制度的研究，如环境行政法律责任中的企业环境报告制度、企业产品责任制度；企业环境民事法律责任制度中的无过错责任原则、惩罚性赔偿制度；企业环境刑事法律责任中的企业犯罪的因果推定原则、确立环境行为犯理论等。

综上研究可见，企业社会责任是一个舶来品，最早起源于美国，西方学者从经济学、社会学、伦理学、法学、哲学角度来界定企业社会责任，不同时期有不同的标准，但总的研究轨迹为人权—经济文化权—环境权，公司角色的演变过程为经济人—社会人—生态人，最终的落脚点环境权、生态人是企业节能减排法律责任研究的支撑点。企业节能减排法律责任的研究轨迹为：企业社会责任—企业环境责任—企业环境法律责任—企业节能减排法律责任。企业节能减排的目的是保护环境、保护环境权，将企业节能减排纳入法律是为了更好地实现生态和谐、生态文明。

---

① ［日］原田尚彦.环境法［M］.北京：法律出版社,1999:120.

（二）国内相关研究动态

我国对企业社会责任的研究相对于国外而言稍晚。但从研究成果来看，对企业节能减排法律责任研究的过程类似于西方国家，即企业节能减排法律责任是伴随着企业社会责任、企业环境责任、企业环境法律责任的研究而发展的。

20 世纪 90 年代初期，我国开始研究关注企业社会责任，最早关注的学科是经济学，随着环境问题的突出，从法学的不同角度研究企业社会责任备受关注，但对于企业社会责任的概念、内涵法学界并没有统一的定论。具有代表性的几种观点：朱慈蕴认为，企业社会责任是一种广义的责任，是指企业应对股东这一利益群体以外的与企业发生各种联系的其他利益相关群体的利益和政府代表的公共利益负有一定责任；[1]刘俊海认为，企业社会责任还应当最大限度地增进股东利益之外的其他所有社会利益；[2]张士元、刘丽认为，企业社会责任还要为其他利益关系人承担并履行某些反面的社会义务；[3]王红一认为，企业被期望带着社会良心活动。[4]学者们分别从公司除承担股东群体利益外，还应承担社会责任、社会利益、社会义务、社会价值等方面来界定企业社会责任的概念，虽没有统一的定论，但所涉及的内容都提到环境利益、环境责任。

进入 21 世纪，企业环境责任开始成为学者们的研究热点。学者们从不同角度来探讨如何约束企业履行其环境责任。代表性的观点：魏杰认为，人类的生产消费行为能不能进行，前提条件要考虑对环境的保护问题。所以有一个建立准入制度或取得许可证的问题，也就是说无论是企业的生产、产品的使用，还是工程项目，都必须经过政府批准或取得许

---

① 朱慈蕴.公司法人格否认法理与公司的社会责任[J].法学研究,1998(5):82-99.
② 刘俊海.公司的社会责任[M].北京:法律出版社,1999:97.
③ 张士元,刘丽.论公司的社会责任[J].法商研究(中南政法学院学报),2001(6):106-110.
④ 王红一.公司法功能与结构法社会学分析——公司立法问题研究[M].北京:北京大学出版社,2002:108.

可。只有这样，工程项目才能上马，企业才能合法地生产产品，产品才能合法地流通到消费者手中使用;[①]高桂林以可持续发展原则为指导，围绕企业法律制度构建对企业的环境责任进行了探讨，提出制定企业环境行政法，根据企业的行为让企业承担环境民事责任和刑事责任;[②]魏静认为，公司在谋求自身及股东经济利益最大化的同时，应当承担环境社会责任，公司的环境责任与其营利性并不矛盾，应完善公司环境责任的实现机制;[③]吴真认为，企业环境责任作为企业社会责任的组成部分，包括企业环境法律责任和企业环境道德责任，随着环境危机的日益严重，应在环境法中确立企业环境责任，且从企业环境侵权责任走向企业环境责任应成为必然;[④]高清认为，为防止企业规避社会责任，需要通过法律将企业的社会责任法律化，从而保障企业社会责任的实现，因此急需确立企业对社会的环境责任制度。[⑤]

综上，学者们分别从企业的环境法律责任、企业环境的准入制度、企业环境的政府保护责任来加以探讨，其最终目的都是通过法律途径来从不同方面对企业环境进行保护。相对于具体的企业环境法律责任研究则主要集中于:

其一，从立法角度探讨相关法律的建设问题。曹明德从立法的理论基础角度提出了建立生态法的观点，进而提出了企业的生态法责任;[⑥]刘文燕、刘谊提出建立符合生态学规律的生态法学权利义务观和利益观，

---

① 魏杰.产品背后的竞争——企业七大关系 [M].北京:中国发展出版社,2004:69.

② 高桂林.公司的环境责任研究 [M].北京:中国法制出版社,2005:135.

③ 魏静.公司环境责任探析 [J].西南民族大学学报（人文社会科学版）,2009,30(1):164-167.

④ 吴真.企业环境责任确立的正当性分析——以可持续发展理念为视角 [J].当代法学,2007,21(5):50-54.

⑤ 高清.论企业环境责任的建构 [J].法学杂志,2009,30(7):82-84.

⑥ 曹明德.生态法的理论基础 [J].法学研究,2002,24(5):98-107.

进而对生态法律关系主体进行了具体分析；①刘林、姚丽从企业环境责任内涵的角度切入，在分析企业承担环境法律责任的重要性和必然性的基础上，提出企业所应承担的环境法律责任内容和形式（包括刑事和民事）；②刘毅指出实现企业的环境法律责任就必须把宏观调控和微观管理相结合，即强调经济法规对企业的环境行为进行调节，同时加强绿色审计的监督及构建反不正当竞争法视角下的企业环境侵权诉讼制度。③

其二，从执法角度探讨企业环境责任的法律保障问题。张兰、宋金华指出，我国企业环境责任是否履行的关键在于企业环境责任内化的法律保障机制。因此，我国必须建立健全法律强制化机制，一是立法确立企业的环境责任，明确企业的义务；二是进一步完善相关法律和环境执法、司法，严格按照相关法律法规对企业进行监督，强化执法力度，树立法律的绝对权威，从而有效引导企业守法经营和管理。同时建立健全政府引导、监督机制及环境责任意识教育机制和市场引导机制。④

其三，从司法实践角度探讨企业环境责任的应用问题。刘文燕主要论述了生态侵权的归责原则问题，认为生态侵权的归责原则包括故意责任原则、过失责任原则、无过错责任原则、客观责任原则和绝对责任原则，而在执法实践中要针对生态侵权的不同主体、不同客体以及不同的侵权客观事实应用不同的归责原则。⑤竺效也赞同不同的环境损害情况应当应用不同的法律归责原则，从而判定不同的法律救济方式的观点，并进一步提出，环境损害的法律救济方式可以是消除危害、修复生态环

① 刘文燕,刘滨.生态法学的基本结构[J].现代法学,1998(6):100-101.
② 刘林,姚丽.试论企业的环境法律责任[C].投资者保护与公司治理论坛论文集,2010:7.
③ 刘毅.企业环境责任的法律制度研究[J].黑龙江对外经贸,2011(2):80-81,141.
④ 张兰,宋金华.企业环境责任的内化及其法律保障机制[J].经济导刊,2011(3):66-67.
⑤ 刘文燕.生态法律关系主体分析[J].法律适用,2003(4):42-44.

境或赔偿损害等。^①王明远就环境侵权提出了建立环境侵权救济法律制度的观点。^②

其四，在企业节能减排的法律制度与法律责任研究方面，学者们也给予了一定程度的关注。孙佑海认为，当前，我们国家迫切需要健全和完善能源法律体系，为我国能源安全提供有力保障。因此，我国应制定能源法与配套行政法规和规章。^③莫神星提出，我国能源安全保障法律制度存在缺陷，因此目前我们国家应该重视环境资源立法，尤其是能源立法。^④韩利琳指出，企业环境责任履行是实现低碳经济的重要基础，健全企业环境责任法律制度是中国适应低碳时代企业环境责任立法的重要选择，其认为低碳时代中国企业环境责任履行的制约因素有立法的滞后性、企业节能减排量化指标的模糊性、低碳时代企业环境责任衡量标准的不统一性、引导企业节能减排的碳交易市场秩序的不健全性、低碳时代企业环境责任自律性机制的薄弱性等。^⑤金明红等人在深入分析我国能效标准、标识制度的实施现状和存在问题的基础上，借鉴国外经验，并结合我国的实际情况，提出了完善我国能效标准或绩效标准、标识制度的对策。^⑥曹明德、刘明明在《节能减排的法律对策思考》一文中指出，应深化我国节能减排法律制度的改革，要在能源、经济、环境综合决策的理念下，将节能减排政府管制制度、市场调控制度和社会参

① 竺效.生态损害填补责任归责原则的两分法及其配套措施[J].政治与法律,2007(3):89-94.
② 王明远.略论环境侵权救济法律制度的基本内容和结构——从环境权的视角分析[J].重庆环境科学,2001,23(2):17-20.
② 孙佑海.能源立法——实现能源安全的有力保障[J].法学杂志,2007,28(5):32-35.
④ 莫神星.我国能源安全保障法律问题探讨[C]//环境法治与建设和谐社会——2007年全国环境资源法学研讨会（年会）论文集（第四册）.兰州:兰州大学,2007:11.
⑤ 韩利琳.低碳时代的企业环境责任立法问题研究[J].西北大学学报（哲学社会科学版),2010,40(4):159-164.
⑥ 金明红,李爱仙,成建宏,等.建立我国能效信息标识制度的有关问题[J].中国能源,2004,26(3):42-44,10.

与制度有机结合起来，构建可以使政府、市场和社会三者联动的节能减排法律制度。①

纵观我国学者对企业环境法律责任的研究可知，无论是理论层面的研究，还是实践层面的研究，都涉及资源、生态、侵权等方面，都在一定程度上涉及企业节能减排的相关内容。节能减排是企业应肩负的社会责任；企业是经济目标的实现者，应该是节能减排的责任人；企业是生态环境的影响者，应该使其正面影响最大化、负面影响最小化。②

综上，国内外学术界对本课题的相关研究从未间断，学者们对企业环境责任的研究表现出浓厚的学术兴趣，他们以世界化的眼光，从应当建立和完善相关的环境法规及制度等多角度对企业环境责任展开了深入的研究。研究经历了一个由浅到深、由零散到系统的过程，从环境科学角度的基础性研究到联合生态学、经济学、伦理学等多角度、多层面的系统性研究，并且不乏真知灼见，提出了一些富有价值和启发意义的思想观点，这些研究成果为作者开展企业节能减排法律责任研究奠定了良好的理论基础。

但是，也应该看到，学者们对企业节能减排法律责任的研究还远没有具体深入，尚未发现以企业在节能减排中履行法律责任的现实困境与制度缺陷为切入点，以企业节能减排法律责任的独特价值取向为立足点，来探求企业履行节能减排法律责任的特殊性与规律性的研究成果。具体而言，当前的研究成果还存在如下明显不足之处：

其一，研究方法的针对性不强。现有成果主要集中在理念宣传或理论分析上，具有比较浓厚的"应然性""构想性"和"规范性"特征，需要进一步增强针对企业节能减排法律责任的具体对策建议研究。

① 曹明德，刘明明.节能减排的法律对策思考[J].清华法治论衡,2010(1):311-327.
② 樊万选.节能减排：企业义不容辞的社会责任[J].企业活力,2008(2):4-6.

其二，研究的理论视角独特性不强。学界对企业节能减排法律责任的研究主要集中在相关规划技术层面上，很少涉及针对企业节能减排法律责任制度方面存在的三大缺陷（即制度的权威性与惩罚性不够、激励性与引导性不足、针对性与实效性不强），导致现实中企业履行节能减排法律责任出现的三大困境（即企业履责无压力、无动力、无能力）为主题的研究成果。

其三，研究对象的系统性缺失。与企业节能减排法律责任有关的研究成果大部分集中在某一领域，而企业节能减排法律责任制度构建的系统性研究成果匮乏，研究对象的系统性缺失，存在"头痛医头，脚痛医脚"的倾向，导致针对企业节能减排法律责任制度完善所提出的对策不具有针对性和实效性。

这些研究成果的不足给本课题留下了继续深入和拓展的空间，也使本课题的研究内容在理论层面和实践层面均存在可能的突破点和创新点。

四、研究的创新与意义

（一）研究的创新

与现有的相关研究成果相比，本研究的创新点主要表现在以下四个方面：

1. 在研究视角上，着眼于企业节能减排法律责任，深入剖析企业履行节能减排法律责任的现实困境与制度缺陷，并提出促进企业履行节能减排法律责任的具体对策，这种独特的研究视角，极大地拓展了企业环境法律责任研究的空间与视野，有助于研究的具体深入。

2. 在研究内容上，重点分析了企业履行节能减排法律责任所面临的"无压力、无动力、无能力"的三无力局面，进而在分析现行制度的缺陷的基础上，提出促进企业履责的具体对策，增强了研究内容的针对性和实用性。

3. 在研究思路上，遵循"社会问题—制度原因—法律对策"的研究路径，并以法律的"行为调整说"为理论指导，综合运用利益平衡理论和法律控制理论逐步展开研究，保证了研究内容的科学性与可操作性。

4. 在研究理念上，将人本和谐主义作为企业节能减排法律责任制度构建的价值追求，将生态安全作为企业节能减排法律责任制度构建的目标选择，将生态效率作为企业节能减排法律责任制度构建的功能定位，这些理念的引入，极大地提升了研究内容的高度与深度。[①]

（二）研究的意义

工业系统在实现国家节能减排目标中肩负着历史重任，必须创新工作思路，扎实地推进企业节能减排，从依赖规模扩张、过度消耗能源资源的发展模式向注重效率、质量和效益的可持续发展转变，实现绿色低碳发展。在此背景下，对企业在节能减排中的法律责任进行研究无疑具有重大的理论意义和应用价值。

1. 在学理层面上，以节能减排为视角，以探求企业在节能减排中的法律责任的特殊性与规律性为主要立足点，对企业在节能减排中的法律责任给予了一个比较系统的、富有阐释力的理论解说，从而在理论上深化了对企业在节能减排中的法律责任的本质及其规律的理性认识与整体把握，进而丰富了我国环境法的基本理论和环境法律体系，可起到抛砖引玉、引起学界对同类问题进行理论研究的作用，同时可为同类问题的后续研究提供素材和一定的借鉴意义。

2. 在实践层面上，研究以解决实际问题、服务改革实践为主旨，以企业在节能减排中的法律责任制度、立法完善和责任实现的制度保障为研究的核心内容，既从理论上拓展了企业节能减排法律责任的研究范围与视野，也为我国企业节能减排法律责任研究由概念分析转到实践路

---

① 陶伦康，鄢本凤.政府在节能减排中的生态责任研究[M].北京：科学出版社,2016:13.

向，由经验性研究转到实证性考察提供了一条新的研究路径；同时为立法机关制定节能减排的相关法律法规提供依据，为行政执法机关推进节能减排工作提供参考，为资源节约型、环境友好型社会的形成起到一定的推动作用。

第二章 企业节能减排法律责任的内涵及理论基础

什么是企业节能减排法律责任，是本研究首先需要回答的基本理论问题。因为概念的不确定严重影响了相关政策与立法的有效衔接，相关信息不能对接也严重制约了企业节能减排责任的切实履行。正如美国法学家博登海默所言："概念是事务本质的语言表达，是解决法律问题所必须和必不可少的工具。没有限定严格的专门概念，我们便不能清楚地和理性地思考法律问题。"

一、相关概念的界定

（一）节能减排

2006 年《中华人民共和国国民经济和社会发展第十一个五年规划纲要》指出，单位国内生产总值能源消耗（比 2005 年）降低 20%、主要污染物排放总量减少 10%。这两项指标就分别代表了"节能"和"减排"，也是节能减排的最初含义。

节能减排是人们耳熟能详的名词，但我国现行法律并没有给出明确的界定。在不同场合，节能减排的含义其实是各有侧重的：其一，节能减排主要代表节能低碳，其含义主要是节约能源和减少二氧化碳排放；其二，节能减排的含义是节能降耗，主要指节约能源，减少物料消耗；其三，节能减排主要指节约能源，减少污染物排放，相当于节能环保。

节能与减排紧密相关，但两者的性质并不完全相同，有时还存在尖锐的矛盾。一方面，节能和减排是有机统一的。由于所有的环境问题（包括水污染、大气污染、固体废弃物污染和生态破坏等）都可以由能源生产和消费而产生，节约使用能源和节约消费就可以起到减少污染物排放的作用，从这个角度讲，节能和减排是有机统一的。另一方面，节能和减排又是相互矛盾的，如污水处理厂为了减排而处理废水，电厂为了减排而脱硫。污水处理设备和电厂脱硫设备的运转的确起到减排的效果，但它们的运转同时增加了能源消耗，从这个角度讲，节能和减排又是相互矛盾的，正是由于这种矛盾，一些违法生产企业或污水处理厂为了节能偷排污水，而让设备"晒太阳"。

因此，节能减排的具体含义要根据不同场合而定，但只有将既相互联系又各有侧重的节能与减排两项工作有机联系起来，综合考虑，统筹安排，才能在中国快速工业化和城市化阶段实现经济社会可持续发展。因此，本研究中"节能减排"是指节约能源和减少污染物排放，即节约能源和保护环境。根据这一内涵界定，我们认为，企业节能减排绩效可以从企业节能绩效和企业减排绩效两个方面来考察。一般而言，企业节能绩效主要指单位产值的能耗下降程度；企业减排绩效则指主要污染物排放量的下降程度。

（二）企业节能减排法律责任

在当代法学中，有关法律责任的观点众说纷纭。《布莱克法律词典》把法律责任解释为"因某种行为而产生的受惩罚的义务及对此种行为引起的损害予以赔偿或者用别的方法予以补偿的义务"。我国学者王果纯认为："法律责任是侵犯法定权利或者违反法定义务，依据法律的规定，由有关责任主体承担的义务"①。张文显教授认为："法律责任是由于侵犯法定权利或违反法定义务而引起的、由专门国家机关认定并归结于法律关系的有责任主体的、带有直接强制性的义务，亦即由于违反第一性法定义务而招致的第二性义务。"②奥地利法学家凯尔森认为："法律责任的概念是与法律义务相对应和相关联的概念。具体来说就是指一个人在法律上对一定的行为负责，承担法律责任，如果作相反的行为，就要受到制裁。"③

通过研究上述有关学者对法律责任概念的分析，我们可以将其归纳为：一是义务说，如《布莱克法律词典》、张文显教授等将法律责任定义为"义务"或者是"第二性义务"；二是处罚说，如奥地利法学家凯尔森的观点，将法律责任定义为"处罚""惩罚"或者说"制裁"；三是后果说，如林仁栋教授认为，法律责任是指一切违法者，因其违法行为，必须对国家和其他受到危害者承担相应的后果。④即，将法律责任定义为"某种不利后果"；四是责任说，如"责任乃是一种对自己行为负责、辨认自己的行为、认识自己行为的意义、把它看作是自己的义务的能力"⑤。即，将法律责任定义为一种特殊的责任或者主观责任。

以上四种法律责任的观点，在所指的特定场合都具有一定的合理性，但是，本书所研究的法律责任不仅仅是具体指向"义务说""处罚说""后果说"或者"责任说"等，还吸收了"义务说""处罚说""后果说"和"责任说"这四种学说的合理因素，即，企业节能减排法律责任，就是指企业在生产经营过程中，应该依法完成的节能减排义务和未完成节能减排义务所应承担的不利后果。

① 王果纯.现代法理学——历史与理论[M].长沙：湖南出版社,1995:79.
② 张文显.法律责任论纲[J].吉林大学社会科学学报，1991(1):7.
③ 周颖,余双彪.国际犯罪之国际刑事责任——评凯尔森的《经由法律达致和平》[J].环球法律评论,2011,3:154-155.
④ 林仁栋.马克思主义法学的一般理论[M].南京：南京大学出版社,1990:97.
⑤ [苏]Л.В.巴格里－沙赫马托夫.刑事责任与刑罚[M].北京：法律出版社,1984:176.

正确认识企业节能减排法律责任需要区别看待以下几个问题：

1. 企业节能减排法律责任与企业节能减排道德责任。企业节能减排责任应包括节能减排法律责任和节能减排道德责任，在这两者的关系中，节能减排法律责任是企业必须承担的强制性责任，是法律规定企业必须恪守的底线，而节能减排道德责任是未被法定化的，由企业自愿履行并且以国家强制力以外的其他手段作为其履行保障的责任。企业承担节能减排责任必须从承担法律责任开始，因为如果企业连最基本的节能减排法律责任都承担不起，那么企业节能减排道德责任更无从谈起。

2. 企业节能减排法律责任与企业社会责任。企业社会责任强调企业作为社会个体利益与社会整体利益的关系，目的在于平衡社会整体利益，促进社会秩序的稳定。卢代富认为："企业对环境、资源的保护与合理利用承担责任，这是企业对全人类和后代负责的体现，故企业的此项责任是一种典型的社会责任。"[①] 企业节能减排法律责任植根于企业社会责任，但又不同于企业社会责任。正如学者斯特瑞耶所批评的那样："由于企业社会责任概念是变化着的——依社会寄予企业的新的期望而在社会生活中不断进行调适，因此仅凭一份企业社会责任名目表，不能提供一个合适的企业社会责任定义。"企业节能减排法律责任是企业社会责任在环境时代的具体体现。

3. 企业节能减排法律责任与企业环境责任。企业节能减排法律责任是企业承担环境责任的具体表现之一。企业环境责任是指企业对于治理环境污染和保护生态环境所应该承担的责任。企业环境责任强调企业与自然环境的关系，目的在于通过对企业行为的调整达到人类社会与自然环境的和谐发展。企业承担节能减排法律责任是指企业履行国家节能减排法律法规要求，在节约能源资源和减少废弃物排放等方面所承担的法律责任。

---

① 卢代富.企业社会责任的经济学与法学分析 [M].北京：法律出版社,2002:78.

二、企业节能减排法律责任的基本类型

根据企业违反的节能减排法律规范的不同，企业节能减排法律责任可分为企业节能减排民事法律责任、企业节能减排行政法律责任和企业节能减排刑事法律责任等三种基本类型。

（一）企业节能减排民事法律责任

企业节能减排民事法律责任是指依据有关民事法律规定，企业应该承担的节能减排义务以及由于违反节能减排相关的民事法律规定，损害国家、集体或他人的合法权益而应承担的不利后果。例如，《中华人民共和国节约能源法》（以下简称《节约能源法》）第三十六条规定："房地产开发企业在销售房屋时，应当向购买人明示所售房屋的节能措施、保温工程保修期等信息，在房屋买卖合同、质量保证书和使用说明书中载明，并对其真实性、准确性负责。"

企业节能减排民事法律责任主要表现为一种财产性责任。传统企业发展模式不仅消耗了大量能源，而且排放大量的污染物，对环境资源造成的损害却由社会承担。在强化企业节能减排法律责任后，这种现状由于企业要承担节能减排民事法律责任而有所缓解。2014年修订的《中华人民共和国环境保护法》（以下简称《环境保护法》）第六十四条规定："因污染环境和破坏生态造成损害的，应当依照《中华人民共和国侵权责任法》的有关规定承担侵权责任。"针对以往企业节能减排民事法律责任的不足，我们需要在节能减排相关法律制度中进一步运用市场机制促进企业节能减排，完善节能减排合同管理，完善环境损害赔偿制度等。

（二）企业节能减排行政法律责任

企业节能减排行政法律责任是指相关的节能减排行政法律关系主体[①]违反了行政法律法规中有关节能减排义务的规定而应承担的相应法

---

① 相关的节能减排行政法律关系主体，在本书中主要特指企业、国家节能减排行政主管部门或者监督部门及其工作人员。

律责任。企业节能减排行政法律责任要件包括以下几点：一是相关的节能减排行政法律关系主体的行为具有违法性。这是承担相应行政法律责任的首要因素，如果该行为不存在违法性，那么就不承担行政法律责任；二是相关的节能减排行政法律关系主体的行为具有危害性。但是，这并不意味着行为的危害后果就是必须承担责任的条件之一，应具体情况具体分析。如危害结果是由不可抗拒的自然灾害、第三人过错或者受害人的过错造成的，则相关的主体就不必承担行政法律责任；三是因果关系。即，行为的违法性与行为的危害后果之间存在必然的因果关系。换句话说，是指二者之间存在引起与被引起的关系。

在我国现行行政责任制度体系下，节能减排行政主管部门在处理企业节能减排行政违法行为时，大多要求企业承担行政法律责任。例如，《节约能源法》第七十九条规定："建设单位违反建筑节能标准的，由建设主管部门责令改正，处二十万元以上五十万元以下罚款。"《环境保护法》也为企业履行节能减排等环境保护义务规定了相应的行政法律责任。在具体的实践中，企业履行节能减排行为往往会受到"违法成本低，守法成本高"①的怪圈的影响。因此，面对这种怪圈，我们要严格企业节能减排行政法律责任。

（三）企业节能减排刑事法律责任

企业节能减排刑事法律责任是指相关主体在企业节能减排活动过程中，实施了严重违法行为，从而构成了犯罪所要承担的刑事法律责任。《节约能源法》第八十五条规定："违反本法规定，构成犯罪的，依法追究刑事责任。"《环境保护法》第六十九条也做了类似的刑事责任规定。

---

① 原环境保护部部长周生贤在 2010 年 12 月 21 日举行的 2010 年度及"十一五"主要污染物总量减排核查核算视频会议上表示，"十二五"期间中国资源环境压力仍十分大，主要污染物新增排放还将持续增加，减排任务仍相当艰巨。对此，中国之声特约观察员吴永强以"2005 年松花江水污染事件"为例来说明当前中国环境治理难的症结所在——违法成本过低。而"守法成本高"主要体现在企业在进行节能减排、技术升级换代改造时，需要投入较大的财力物力，但所得到的政策支持、财政补贴却并不是很多。

相比前两种法律责任而言，企业节能减排刑事法律责任是最严厉的一种责任形式。虽然我国《刑法修正案（八）》在规定环境刑事责任方面有了很大的突破，但是对于企业节能减排方面的刑法学研究还没有获得足够的重视。并且，我国目前在处理企业节能减排违法行为时，很少要求企业承担刑事法律责任，通常用"以罚代刑"的方式进行了变通处理，对企业节能减排违法行为起不到根本性的震慑作用。因此，要达到有效控制废弃物排放，确保企业节能减排目标和可持续发展目标的实现，我们就必须强化企业节能减排刑事法律责任。

三、企业节能减排法律责任的理论基础

大力推进节能减排是我国当前抓住经济发展机遇和促进社会文明转型的战略选择。我国现在的节能减排工程，正处于从理念倡导、典型示范过渡到全面推进的关键时期，企业在节能减排中的主导作用成为关键。因此，只有在企业节能减排法律责任的制度安排上注入符合有效市场行为的新的理念，才能真正发挥企业在推动节能减排中的关键作用。

（一）人本和谐——企业节能减排法律责任的价值取向 [1]

节能减排是科学发展观的实践新模式，是可持续发展的根本途径和必然选择。可持续发展的关键是人的全面发展，人的全面发展是社会发展的主体和核心，是实现人与自然和谐发展的前提和归宿，是人和自然最终获得和谐发展的希望所在。[2] 这决定了企业节能减排法律责任的制度安排必然要以追求以人为本的生态和谐为价值取向，即将人与自然联系起来，将"以人为本"运用到人与自然的关系之中，在强调"以人为本"时坚持"以自然为根"，在强调"以人为主导"时坚持"以自然为基础"。[3] 以人为本的生态和谐具体包括如下内容：

① 陶伦康,鄢本凤.政府在节能减排中的生态责任研究[M].北京:科学出版社,2016:41-44.
② 周媛,彭攀.生态哲学视野下的中国低碳经济[J].理论月刊,2010(4):39-42.
③ 蔡守秋.论追求人与自然和谐相处的法学理论[J].现代法学,2005,27(6):54-61.

1. 人本和谐价值观的理论基础①

（1）"人为自身立法"的人本伦理观。首先，人只有将自己认定为是一个保护自然生态环境的人，他才会认为保护自然环境具有价值合理性和社会正当性，并做到自觉保护自然环境。其次，人与自然的融合统一，不是通过将人置于自然界之中使人成为自然界的成员实现的，而是将自然存在物纳入人的"目的王国"中而实现的。最后，生态伦理应该是人为自身立法。生态伦理的本质不仅仅是为了满足人的利益而对人设置的行为界限，也不完全是出于对自然界和自然存在物的权利和内在价值的尊重而强迫承担的道德义务，更为主要的是关爱自然界之人性为自身的意志和行为制定的道德法则，是关爱自然界之人性自我实现的必然要求。②

（2）"自然向人生成"的人本生态观。首先，人本生态观的根本特征是树立了与"自然向人生成"的世界本体相对应的整体性的真理观和价值观。人本生态观把世界的整体性揭示出来，要求以基于自然界的整体眼光看生态系统。其次，人本生态观肯定了人的存在和生成的生态性，即人是"自然—社会—文化"的生态产物。人本生态观以人为本，又认为生态是人的生成之本，即人和人的生成之本都在于生态，因此，保护生态，优化生态正是为了维护人类生成的基础。最后，人本生态观既坚持"为了人"的目的性原则，也高扬"通过人"的工具性原则；它以"通过人"而实现"为了人"，全面体现了人的主体精神。③

（3）"人与自然界之间对立统一"的人本和谐观。首先，人的尺度与自然界的尺度的对立统一。在人与自然界的价值关系中，人的尺度与自

---

① 陶伦康,鄢本凤.政府在节能减排中的生态责任研究[M].北京:科学出版社,2016:46-48.

② 曹孟勤.人性与自然:生态伦理哲学基础反思[M].南京:南京师范大学出版社,2004:135-140.

③ 陶伦康,鄢本凤.低碳经济立法的价值诉求[J].西北农林科技大学学报（社会科学版),2011,11(5):163-167.

然界的尺度只能是对立统一的，既要天人合一，又要人定胜天。其次，人和自然界之间肯定性关系与否定性关系的对立统一。世界要持续发展，人与环境所组成的统一体就不能被破坏。因此，和谐统一体现了人与自然界发展的内在规律。这种相互作用、对立统一是推动人类社会发展的动力。最后，人类主体能动性与受动性的统一。一方面，人对自然界具有能动性。另一方面，人对自然界又具有受动性。人与自然界之间关系能动性与受动性统一的必然推论就是，人与自然界之间应该是既对立斗争又统一的和谐关系，人在发挥自己能动性改造自然界的同时，不能忽视自然界对人的制约性。[1]

2. 人本和谐价值观的内涵[2]

从价值论角度讲，人本和谐是人与人之间和人与自然之间达到融洽、协调和平衡的一种关系状态，因而人本和谐的内容就既包含人与人之间的和谐也包含人与自然之间的和谐。因此，人本和谐价值观的内涵既包括代内生态和谐，也包括代际生态和谐，还包括种际生态和谐。

（1）代内生态和谐。代内生态和谐，即同代人之间的横向生态和谐。其所关注的主要是自然资源开发、利用活动是否会损害当代人共同的生存条件和区域间自然资源利益是否均衡的问题。一方面，它要求人们应当切实维护好人类生存的自然资源基础，确保本代人享有持续利用资源创造财富和拥有清洁、安全、舒适的生存环境的权利；另一方面，它要求资源富集地区通过自然资源开发可以获得相应的资源利益，资源贫乏地区通过给付相应代价能够获得利用资源的机会，从而达到双方利益的均衡。它既包括一国内部当代人之间在环境资源利益分配上的和谐问题，也包括当代国家之间在环境资源利益分配上的和谐问题。[3]

---

① 陶伦康，鄢本凤.节能减排立法的价值诉求 [J].前沿,2009(7):117-120.

② 陶伦康，鄢本凤.政府在节能减排中的生态责任研究 [M].北京：科学出版社,2016:71.

③ 郑少华.生态主义法哲学 [M].北京：法律出版社,2002:137.

（2）代际生态和谐。代际生态和谐概念的内涵来源于爱蒂丝·布郎·魏伊丝提出的"环境资源代际公平"理论。[①]该理论主张，当代人与后代人的关系是各代（前辈、当代和后代）的一种伙伴关系，在人类家庭成员中有着一种时间上的关联，代与代之间的公平为各代人提供了底线，确保每代人至少拥有如同祖先水准的行星资源区；如果当代人传给下一代不太健全的行星就违背了代际间的公平。当代人与后代人的生态冲突产生的主要原因是环境资源代际关系不和谐，当代人滥用了从后代人那里借来的环境和资源资本。"环境资源代际公平"理论是一种将当代人类利益与跨世代人类利益结合考虑的新思维，体现了当代人为后代人代为保管、保存地球资源的观念。

（3）种际生态和谐。种际生态和谐是指人类作为自然界的一员，人与其他物种之间在享受生态利益与承担生态责任方面的和谐问题。种际生态和谐理念是古老的"毋伤害"法则的延伸：从人际关系延伸到人物关系，其价值在于保卫自然。种际生态和谐以限制人类发展经济的绝对自由为出发点，以实现人与自然的和谐为目标，其不仅强调对人的价值的承认，也强调对其他生命物种种群价值的承认。为此，无论从自然进化本身，还是从人和自然的关系来看，人类都应该承认其他生命物种种群的价值，承认其存在的权利，维护其生存的利益，并为尊重其生命和实现种际生态和谐尽自己的义务。[②]

节能减排最终是追求以人为本的生态和谐，因此，在节能减排中，企业节能减排法律责任的制度构建要坚持科学发展观，强调以人为本，实现人类社会与自然的全面发展、协调发展和永续发展。企业节能减排

① ［美］爱蒂丝·布郎·魏伊丝.公平地对待未来人类：国际法、共同遗产与世代间衡平[M].汪劲,于方,王鑫海,译.北京：法律出版社,2000:60.
② 郑少华.生态主义法哲学[M].北京：法律出版社,2002:105.

法律责任的制度安排，要推进资源节约型和环境友好型社会的形成，构建低碳社会。[①]

（二）生态安全——企业节能减排法律责任的目标选择[②]

霍布斯认为，"人们的安全乃是至高无上的法律"[③]。在法律至上的法治社会，"如果法律秩序不表现为一种安全的秩序，那么它根本就不能算是法律"[④]。这就使在企业节能减排法律责任的目标选择中，安全比秩序更显得重要，因此，企业节能减排法律责任的制度安排必须以生态安全作为其目标选择。

1. 生态安全的内涵[⑤]

生态安全是指人的环境权利及其实现受到保护，自然环境和人的健康及生命活动处于无生态危险或不受生态危险威胁的状态。该定义概括了"生态安全"三个方面的含义：一是指出生态安全乃一种状态；二是明确说明生态安全是一种受到保护、无危险或不受危险威胁的状态；三是指明对生态安全产生威胁的威胁来源是生态危险。[⑥]生态安全的内容包括两个部分：其一，与人类生存休戚相关的生态环境和自然资源处于良好的或不受不可恢复的破坏的状态。其二，保障一切自然事物处于一种相对稳定的状态，不受外来力量的突发性破坏，防止污染和其他公害。[⑦]生态安全的实质在于保障资源与环境的可持续利用。

生态安全反映了自然生态环境和人类生态意义上的生存和发展的安

---

① 陶伦康,鄢本凤.节能减排立法的价值诉求[J].前沿,2009(7):117-120.

② 陶伦康,鄢本凤.政府在节能减排中的生态责任研究[M].北京:科学出版社,2016:66.

③ HOBBES T. De Cive[M]. New York: Appleton-Century-Crofts.2004:140.

④ [美]E.博登海默.法理学:法哲学与法律方法[M].邓正来,译.北京:中国政法大学出版社,2004:76.

⑤ 陶伦康,鄢本凤.政府在节能减排中的生态责任研究[M].北京:科学出版社,2016:82.

⑥ 王树义.可持续发展与中国环境法治[M].科学出版社,2007:96.

⑦ 陶伦康,鄢本凤.节能减排立法的伦理基础[J].昆明理工大学学报(社会科学版),2009,9(5):1-6.

全程度和风险大小。^①在节能减排中，企业法律责任的制度安排所要实现的生态安全可以从两个方面来理解。^②

第一，从自然环境的立场来审视生态安全。它是指自然环境能够按照自然生态规律以自己特有的方式安全运动。这里包括两层含义：一是自然生态规律不被外界因素干扰和破坏，使自然能够按照自身的方式运动；二是自然环境也可以以自己的方式拒绝来自外界的干扰和破坏，甚至施以报复和惩罚。可持续发展观的基本观点之一就是自然环境的安全运动。

第二，从人类的生存和发展来审视生态安全。它是指作为人类社会物质支撑的自然环境的安全，意味着人类生存与发展的安全。其表现为：一是在环境自身安全的有力支撑下的国民经济稳定、健康和可持续发展；二是抑制环境系统中的不协调因索，控制环境污染，防范环境风险等消极环境状态，使国民经济得到自然环境的有力支撑。^③

为了维持生态系统的平衡与保障生态安全，人类活动必须符合生态学规律，一方面，从自然界索取资源的速度、强度不能超过资源本身及其替代品的再生繁殖能力，即生态承载力；另一方面，排放到环境中的废弃物不能超过生态系统的自净（纳污）能力，即环境容量。^④

2. 生态安全的实现^⑤

节能减排是一种可以最大程度上实现生态安全的低碳经济模式。企业对低碳经济发展起着重要的促进作用，对它们来说，生态安全自然成

---

① 蔡守秋.环境正义与环境安全——二论环境资源法学的基本理念[J].河海大学学报（哲学社会科学版),2005,7(2):1-5.

② 陶伦康.节能减排立法目的探究[J].兰州学刊,2010(9):119-123.

③ 徐本鑫.中国集体林权流转立法研究[M].北京：中国政法大学出版社,2014:129.

④ 陶伦康,鄢本凤.节能减排立法的伦理基础[J].昆明理工大学学报（社会科学版),2009,9(5):1-6.

⑤ 陶伦康,鄢本凤.政府在节能减排中的生态责任研究[M].北京：科学出版社,2016:93.

为其所要追求和实现的目标，而企业节能减排法律责任制度的合理安排是生态安全目标从应然走向实然的必然选择。

首先，健全对企业实现生态安全的节能减排宏观管理责任。在节能减排活动中，政府的节能减排宏观职能主要是通过诱致性措施的安排来鼓励各类社会主体主动开展资源循环利用活动，而诱致性制度的实质是利用公共资源协助私人主体实现投资与收益的平衡。没有政府的这种公共援助，很多废物循环项目就会因缺乏合理的经济效益而无法启动，无形自然资本服务能力受损害、有形自然资本供给能力遭削弱的势头将无法得到有效遏制。[①]

其次，健全对企业实现生态安全的节能减排监管责任。对节能减排领域的市场监管制度和宏观管理制度都是为了纠正"社会净边际产品"价值与"私人净边际产品"价值的背离。[②]市场监管制度主要借助强制性规则迫使各类社会主体实施资源循环利用活动，强制性制度不是建立于利益诱惑基础之上，而是依托于政府的强制力。该制度形成的前提应当是，强制性义务是义务主体享有某种权益的合理结果，或者说，义务主体在遵循规则时也有合理的收益。[③]

最后，健全对企业实现生态安全的节能减排行政指导责任。具体包括：健全对企业实现生态安全的节能减排行政指导的实体制度；健全对企业实现生态安全的节能减排行政指导的程序制度；健全对企业实现生态安全的节能减排行政指导的救济制度。[④]

生态安全应当被视为法律的基础性目标，成为法律活动的归宿和予

① 董溯战.循环经济法中的政府责任研究——基于自然资本安全的视角[J].中州学刊，2009(5):93-96.

② ［英］A. C.庇古.福利经济学[M].朱泱，张胜纪，吴良健，译.北京：商务印书馆,2006:135.

③ 徐本鑫，陶伦康.论低碳经济下生态效率的法律调整[J].现代经济探讨,2010(10):89-92.

④ 陶伦康.节能减排立法目的探究[J].兰州学刊,2010(9):119-123.

以实现的目标，也应成为法律价值评价的标准。企业节能减排法律责任的制度安排自然应该将生态安全作为其基础性目标追求。①

（三）生态效率——企业节能减排法律责任的功能定位

节能减排的提出是为了应对日益严峻的生态问题。如果工业化历史上节能减排是人类追求利润的过程，那么当代节能减排就是追求社会生态文明的进步逻辑。因此，节能减排追求提高生态效率的本质，决定了生态效率在企业节能减排法律责任体系中的功能定位。

1.生态效率的思想渊源②

（1）功利主义法学派中的"功利"思想。法的效率思想可谓源远流长，最早体现在功利主义法学派中。功利主义法学作为一个完整的法学流派产生于18世纪末、19世纪初的英国，其创始人为英国的边沁，后来由密尔父子不断完善。边沁认为，人类的一切事情，包括宗教、社会、政治、经济、道德等，都源于人性。人性的规律就是趋乐避苦，它支配着人的一切行为，成为人生的目的。就是说，人们对任何一种行为表示赞成和不赞成，要由这个行为对自己是增多还是减少幸福而定。③在边沁看来，国家的法律和制度好坏的标准只有一个，那就是看是否能够增进最大多数人的最大的乐。法律、制度本身不能左右人们的行为，能左右人们行为的是法律、制度中的功利。

（2）社会法学派的"社会工程"思想。社会学法学又称实用主义法学，是实用主义哲学与欧洲社会法学相结合的产物。美国实用主义法学的创立者是霍姆斯。社会法学的内容中最能体现效率的思想的是庞德的"社会工程"论。庞德在《通过法律的社会控制》一书中提出，美国社会法学从事的"社会工程"要达到的理想是建立人类的普遍合作。庞德

① 陶伦康,鄢本凤.节能减排立法的价值诉求 [J].前沿,2009(7):117-120.
② 陶伦康,鄢本凤.政府在节能减排中的生态责任研究 [M].北京:科学出版社,2016:51.
③ [英]边沁.道德与立法原理导论 [M].时殷弘,译.北京:商务印书馆,2000:107.

认为，法律制度的意义在于对一种关系的调整和行为的安排，它能使生活物资和满足对享有某些东西和做某些事情的各种要求的手段，能在最小阻碍和浪费的条件下尽可能多地给以满足。他提出，法学家所必须干的就是尽其可能保护所有社会利益，并维持这些利益之间与保护所有利益相一致的某种平衡或协调，也是社会法学派所面临和需要解决的问题。①

2. 生态效率的内涵解读②

生态效率翻译自英文的 eco-efficiency，其中 eco- 既是生态学 ecology 的词根，又是经济学 economy 的词根，efficiency 有"效率、效益"的含义，两者组合意味着应该兼顾生态和经济两个方面的效率。③

生态效率在节能减排中是一个重要的概念。1992 年，世界可持续发展工商理事会向联合国环发大会提交了名为《改变航向：一个关于发展与环境的全球商业观点》的报告，在该报告中这样界定生态效率的概念："提供有价格竞争优势的、满足人类需求并保证生活质量的产品或服务，同时逐步降低对生态的影响和资源消耗强度，使之与地球的承载能力相一致。"欧盟环境署把生态效率定义为："生态效率是一种理念和策略，它能够使利用自然同满足人类福利的经济活动充分脱钩，以保持自然的承载力，并允许当代和后代合理进入和使用环境。"④生态经济学者则将生态效率定义为"经济和环境效益的双赢"。生态效率是经济社会发展的价值量（即 GDP 总量）和资源环境消耗的实物量比值，它表示经济增长与环境压力的分离关系，是一国绿色竞争力的重要体现。⑤

---

① 吕世伦.法理的积淀与变迁 [M].北京：法律出版社,2001:68.

② 陶伦康,鄢本凤.政府在节能减排中的生态责任研究 [M].北京：科学出版社,2016:53.

③ 徐本鑫.低碳经济下生态效率的困境与出路 [J].大连理工大学学报（社会科学版）,2011,32(2):12-16.

④ 陶伦康,徐本鑫.低碳经济视域下生态效率的法律调整机制探究 [J].农村经济,2011(3):24-26.

⑤ 诸大建,朱远.生态效率与循环经济 [J].复旦学报（社会科学版）,2005(2):60-66.

生态效率不是一个虚置的概念，是可以通过生态经济学的技术途径，在各个层次（企业、区域、国家）、各个环节（生产、使用、消费）予以评估的。①如联合国贸发会议在 2004 年推出了衡量企业生态效率的指标，并已有企业应用这一套评估体系来衡量本企业的生态效率。因此，近年来我国学者在节能减排的研究中也开始使用生态效率作为研究工具。为了对生态效率有透彻的理解，有必要对生态效率的具体计算方式加以介绍。一个国家的整体生态效率可以量化为以下公式：

　　生态效率（资源生产率）＝经济社会发展（物质量，即 GDP 总量）÷资源环境消耗量（实物量，即资源环境消耗的实物量）

　　根据上述公式可知，生态效率表明了经济增长与环境压力的分离关系。生态效率与劳动生产率、资源生产率和环境生产率密切相关。劳动力作为一种成本投入，在上述公式中并未直接体现出来，但作为一种价值量的影响因素，事实上已被包括在生态效率的计算之中。②资源生产率包括：单位能耗的 GDP（能源生产力）、单位土地的 GDP（土地生产力）、单位水耗的 GDP（水生产力）、单位物耗的 GDP（物质生产力）；环境生产率包括：单位废水的 GDP（废水排放生产力）、单位废气的GDP（废气排放生产力）、单位固体废物的 GDP（固废排放生产力）。③与其相比，传统的效率观并未把环境生产力和通常被视为"无价值的"的环境资源（如江河里的水）的生产力考虑在内，而生态效率通过把环境资源等古典经济学意义上的"外生变量"纳入经济增长的"内生变量"，从而在理论上彻底克服环境资源问题的"外部不经济性"。由于生态效率应用的领域不同，其概念存在细微差别。这种差别很大程度上

---

① 陶伦康.循环经济立法理念研究 [M].北京：人民出版社,2010:67.
② 陶伦康,鄢本凤.政府在节能减排中的生态责任研究 [M].北京：科学出版社,2016:51.
③ 徐本鑫.低碳经济下生态效率的困境与出路 [J].大连理工大学学报（社会科学版),2011,32(2):12-16.

取决于"输入"和"输出",即"价值"理解的分异。但生态效率的所有诠释在基本思想上是高度一致的,即在价值最大化的同时,使资源消耗、污染和废物排放最小化。①从生态投入和社会产出的角度讲,生态效率有两层含义:其一,在生态投入不增加甚至减少的条件下实现经济增长和社会发展;其二,在生态环境承载能力允许的范围内增加生态投入,并实现了经济更好更快的发展。

3. 生态效率的功能意义②

效率的内涵植根于不同的时代背景。在经济发展水平低、生态平衡状况良好的情形下,"效率"指代的是经济发展速度,追求资本和劳动的生产率,也即通常意义上的"经济效率";而在目前自然资源和生态环境资源相对于资本和劳动异常稀缺的情况下,现代经济的增长需要我们从关注资本和劳动的生产率转移到关注自然资源和生态环境的生产率,"生态效率"的功能得以凸显。③

首先,节能减排的生态效率价值观中折射出一种整体主义的方法论思想。传统经济主体追求利润最大化,以经济效益为唯一目标,造成当今环境污染严重和资源供需紧张的局面,而生态效率能有效缓和这种发展趋势。这体现在它的重要功能上:第一,生态效率同时考虑经济效益和生态效益,在强调提高经济效益的同时保证生态效益同步增长;第二,它是将可持续发展的宏观目标融入中观(区域)和微观(企业)的发展规划与管理的有效工具。透过这种生态效率价值观,我们看到了生态系统与人类的社会经济系统协调发展的统一性追求。基于中国这样一个现代化起点低、人口基数大、人均占有自然资源量少的国情,要追求可持续的经济增长,就要克服资源环境的瓶颈约束,实现经济与环境的

---

① 王妍,卢琦,褚建民.生态效率研究进展与展望[J].世界林业研究,2009,22(5):27-33.
② 陶伦康,郦本凤.政府在节能减排中的生态责任研究[M].北京:科学出版社,2016:53.
③ 陶伦康,徐本鑫.低碳经济视域下生态效率的法律调整机制探究[J].农村经济,2011(3):24-26.

"双赢"，而节能减排追求提高生态效率的本质，正好呼应了这一必然的政策选择，由此也决定了生态效率在政府生态责任法律体系中的功能性地位。突出生态效率的功能性地位，实际上就是突出政府生态责任立法最终的作用对象是社会生活的经济活动，而生态效率始终是经济活动所追求的价值之一。政府生态责任立法所追求的生态效率包含了能源效率、环境效率和劳动生产率。从规范内容来说，政府生态责任法律制度主要包含规制政府经济行为、环境行为和行政行为的规范。^①

其次，生态效率价值观把伦理元素引入经济行为的法律调整之中。与传统的经济效率价值观相比，生态效率价值观还隐含了一种尊重自然和环境价值的生态主义的伦理性内容。^②这种新的效率价值观，克服了遭到猛烈抨击的、现代经济学对人类行为的研究范式的一个致命缺陷，即从古典经济学传承而来的、与"经济人"的人性假设绑定在一起、无视人类行为动机的多样性的研究方法，从而把伦理元素引入经济学的研究之中，这一点对企业节能减排责任立法的"人性假设"也带来方法论上的启示。^③

企业节能减排法律责任的价值取向是增进以人为本的生态和谐，而这一价值取向是通过提高以技术创新为核心的生态效率来实现的，正是在这个意义上，我们说，以技术创新为核心的生态效率是企业节能减排法律责任立法的功能定位。^④

① 陶伦康,鄢本凤.政府在节能减排中的生态责任研究[M].北京:科学出版社,2016:29.
② 陶伦康.循环经济立法理念研究[M].北京:人民出版社,2010:41.
③ 陶伦康,徐本鑫.低碳经济视域下生态效率的法律调整机制探究[J].农村经济,2011(3):24-26.
④ 陶伦康,鄢本凤.政府在节能减排中的生态责任研究[M].北京:科学出版社,2016:62.

第三章　企业履行节能减排法律责任的现状剖析

企业在节能减排中的法律责任研究是资源环境问题的客观现实对学术研究提出的客观要求。我国"九五"规划纲要提出了"坚持节约能源与开发并重，把节约放在首位"；"十五"规划纲要提出了"在保证能源安全的前提下，把优化能源结构作为能源工作的重中之重"；"十一五"规划纲要提出"节约优先、保护环境，构筑稳定、经济、清洁的能源体系和坚持能源的可持续发展"；"十二五"规划纲要提出"加快转变经济发展方式，增强自主创新能力……提高能源资源开发、转化和利用效率；充分运用可再生能源技术"等。但不可否认的是，我国目前的环境质量仍没有摆脱"环境污染问题十分严重、生态环境仍在不断恶化、资源短缺呈不断加剧之势"[①]的严重局面。

一、企业节能减排的基本形势概观

近年来，我国工业化得到了快速发展，与此同时，节能减排、绿色

---

① 高红贵.我国环境质量管制的现状及其对策研究[J].湖北社会科学,2005(7):31-32,50.

发展也取得了积极成效。"十二五"前三年，全国规模以上工业企业单位工业增加值能耗下降15%，工业领域化学需氧量、氮氧化物等污染物排放量显著下降。但由于我国正处于工业化快速发展的重要阶段，企业节能减排形势依然严峻。

（一）总体情况

1.指标完成情况

"十一五"期间节能减排主要环保量化指标及完成情况见表3-1。

表3-1　"十一五"期间节能减排主要环保量化指标及完成情况

类　别	2005 年	2010 年规划目标		2010 实际完成情况	
		下降量	下降比	下降量	下降比
万元生产总值能耗	1.22 吨	1 吨以下	20%	1.034 吨	19.06%
二氧化硫（万吨）	2 549.4	2 294.4	10%	2 185.1	12.45%
化学需氧量（万吨）	1 414.2	1 272.8	10%	1 238.1	14.29%

资料来源：中国环境状况公报。

"十一五"期间，除了万元国内生产总值能耗没有达到下降到1吨标准煤以下、降低20%左右的目标外，其他各项指标都超额完成。"十二五"期间通过节能、提高能效少消耗能源6.3亿吨标准煤，减少二氧化碳排放14.6亿吨，得到国际社会的广泛赞誉，详见表3-2。

表3-2　"十二五"期间节能减排主要环保量化指标及进展情况

类　别	2010 年	2015 年规划目标		2011 年	2012 年	2013 年	2014 年
		下降量	下降比				
二氧化硫（万吨）	2 267.8	2 086.4	8%	2 217.9	2 117.6	2 043.9	1 974.4
化学需氧量（万吨）	2 551.7	2 347.6	8%	2 499.9	2 423.7	2 352.7	2 294.6
氨氮（单位）	264.4	238	10%	260.4	253.6	245.7	238.5

续　表

类　别	2010 年	2015 年规划目标		2011 年	2012 年	2013 年	2014 年
		下降量	下降比				
氮氧化物（单位）	2 273.6	2 046.2	10%	2 404.3	2 337.8	2 227.3	2 078.0

资料来源：中国环境状况公报。

为了确保完成《"十二五"节能减排综合性工作方案》《国家环境保护"十二五"规划》和《节能减排"十二五"规划》中所提出的节能减排指标，2014 年 5 月，国务院印发了《2014—2015 年节能减排低碳发展行动方案》，该方案明确了 2014—2015 年两年节能减排降碳的具体目标为：单位 GDP 能耗、化学需氧量、二氧化硫、氨氮、氮氧化物排放量分别逐年下降 3.9%、2%、2%、2%、5% 以上，单位 GDP 二氧化碳排放量两年分别下降 4%、3.5% 以上。[1]

令人可喜的是，2014 年我国的环保量化指标全部完成，主要污染物排放量为：化学需氧量排放总量为 2 294.6 万吨，同比下降 2.47%；氨氮排放总量为 238.5 万吨，同比下降 2.90%；二氧化硫排放总量为 1 974.4 万吨，同比下降 3.40%；氮氧化物排放总量为 2 078.0 万吨，同比下降 6.70%；全国工业固体废物产生量为 325 620.0 万吨，综合利用量（含利用往年贮存量）为 204 330.2 万吨，综合利用率为 62.13%。

2015 年是"十二五"的收官之年，国家确定的减排任务是：与 2014 年相比，全国化学需氧量、氨氮排放量分别减少 2%，二氧化硫排放量减少 3%，氮氧化物排放量减少 5%。[2]

环保量化指标的完成，并不意味着环境质量的根本好转，正如时任环境保护部部长周生贤在 2015 年全国环境保护工作会议上坦言："当前

---

[1]　陶伦康，鄢本凤.政府在节能减排中的生态责任研究 [M].北京：科学出版社,2016:79.

[2]　陶伦康，鄢本凤.政府在节能减排中的生态责任研究 [M].北京：科学出版社,2016:81.

环境质量与人民群众期待仍有较大差距。城市空气质量普遍超标，区域型灰霾重污染天气多发频发。"

2.环境突发事件情况

我国发布的2004—2014年环境状况公报表明，我国环境突发事件一直居高不下，并整体呈上升趋势（表3-3）。

表3-3 我国环境突发事件统计表（2004—2014）

年 份	特别重大事件(件)	重大事件(件)	较大事件（件）	一般事件(件)	待定事件(件)	合 计(件)
2004	6	13	48	/	/	67
2005	4	13	18	41	/	76
2006	3	15	35	108	/	161
2007	1	8	35	66	/	110
2008	/	12	31	92	/	135
2009	2	2	41	126	/	171
2010	/	5	41	109	1	156
2011	12	11		83	/	106
2012		5	5	532	/	542
2013	/	3	12	697	/	712
2014	/	3	16	452	/	471

资料来源：中国环境状况公报。

可见，自2012年开始环境突发事件在数量上猛增，但是特别重大环境突发事件和重大环境突发事件呈下降趋势，2010—2014年我国没有发生特别重大环境突发事件，这在某种程度上得益于自2005年开始，当时的国家环保总局不断掀起的"环保风暴"。[①] "环保风暴"虽然没有能控制住环境突发事件总体上升的趋势，但对遏制特别重大环境突发事件和重大环境突发事件的发生还是起到了积极的作用。

（二）节能基本形势

1. 产业结构变化促使能耗下降速度增快。表 3-4 列出了"十三五"时期主要节能指标。根据国家发改委公布的数字，2014 年上半年单位国内生产总值（GDP）能耗同比下降 4.2%，高于预期 3.9% 的年度目标，这也是 2009 年以来最大的降幅。国家统计局统计公报显示，2009—2013 年，中国单位 GDP 能耗分别下降 2.2%、4.01%、2.01%、3.6%、3.7%（表 3-5）。单位 GDP 能耗下降速度之所以增快，主要原因有：能源消耗总量增速进一步下降；二产、三产结构进一步改善；工业结构内部出现了根本性变化。[②]

表 3-4   "十二五"时期主要节能指标[③]

指　标	单　位	2010 年	2015 年	变化幅度 / 变化率
工业				
单位工业增加值（规模以上）能耗	%			[-21% 左右]

①   "环保风暴"是指：(1)2005 年 1 月 18 日，环保总局宣布停建金沙江溪洛渡水电站等 13 个省市的 30 个违法开工项目，并表示要严肃环保法律法规，严格环境准入，彻底遏制低水平重复建设和无序建设。第一次环保风暴发威。(2)2006 年 2 月 7 日，国家环保总局打出重拳，从即日起，对 9 省 11 家布设在江河水边的环境问题突出企业实施挂牌督办；对 127 个投资共约 4 500 亿元的化工石化类项目进行环境风险排查；对 10 个投资共约 290 亿元的违法建设项目进行查处。是为第二次环保风暴。(3)2007 年 1 月 10 日，国家环保总局又一次掀起了"环保风暴"，82 个项目涉及 1 123 亿元的投资被叫停。国家环保总局吸取了前两次风暴中的教训，采用了"相对有效的措施"，即"区域限批"，这是环保部门成立近 30 年来首次启用这一行政惩罚手段。
②   王小康．2014 中国节能减排发展报告：能源与环境的双赢机会 [M]．北京：中国经济出版社，2014：4-5．
③   陶伦康，鄢本凤．政府在节能减排中的生态责任研究 [M]．北京：科学出版社，2016：77．

指　标	单　位	2010 年	2015 年	变化幅度 / 变化率
火电供电煤耗	克标准煤 / 千瓦时	333	325	-8
火电厂厂用电率	%	6.33	6.2	-0.13
电网综合线损率	%	6.53	6.3	-0.23
吨钢综合能耗	千克标准煤	605	580	-25
铝锭综合交流电耗	千瓦时 / 吨	14 013	13 300	-713
铜冶炼综合能耗	千克标准煤 / 吨	350	300	-50
原油加工综合能耗	千克标准煤 / 吨	99	86	-13
乙烯综合能耗	千克标准煤 / 吨	886	857	-29
合成氨综合能耗	千克标准煤 / 吨	1 402	1 350	-52
烧碱（离子膜）综合能耗	千克标准煤 / 吨	351	330	-21
水泥熟料综合能耗	千克标准煤 / 吨	115	112	-3
平板玻璃综合能耗	千克标准煤 / 重量箱	17	15	-2
纸及纸板综合能耗	千克标准煤 / 吨	680	530	-150
纸浆综合能耗	千克标准煤 / 吨	450	370	-80
日用陶瓷综合能耗	千克标准煤 / 吨	1 190	1 110	-80
建筑				
采暖区既有居住建筑改造面积	亿平方米	1.8	5.8	4
城镇新建绿色建筑标准执行率	%	1	15	14
交通运输				
铁路单位运输工作量综合能耗	吨标准煤 / 百万换算吨公里	5.01	4.76	[-5%]
营运车辆单位运输周转量能耗	千克标准煤 / 百吨公里	7.9	7.5	[-5%]
营运船舶单位运输周转量能耗	千克标准煤 / 千吨公里	6.99	6.29	[-10%]
民航业单位运输周转量能耗	千克标准煤 / 吨公里	0.450	0.428	[-5%]

指 标	单 位	2010 年	2015 年	变化幅度 / 变化率
公共机构				
公共机构单位建筑面积能耗	千克标准煤 / 平方米	23.9	21	[−12%]
公共机构人均能耗	千克标准煤 / 人	447.4	380	[15%]
终端用能设备能效				
燃煤工业锅炉（运行）	%	65	70～75	5～10
三相异步电动机（设计）	%	90	92～94	2～4
容积式空气压缩机输入比功率	千瓦 /（立方米·分$^{-1}$）	10.7	8.5～9.3	−1.4～−2.2
电力变压器损耗	千瓦	空载：43；负载：170	空载：30～33；负载：151～153	−10～−13；−17～−19
汽车（乘用车）平均油耗	升 / 百公里	8	6.9	−1.1
房间空调器（能效比）	−	3.3	3.5～4.5	0.2～1.2
电冰箱（能效指数）	%	49	40～46	−3～−9
家用燃气热水器（热效率）	%	87～90	93～97	3～10

资料来源：《节能减排"十二五"规划》。

表 3-5 2009—2013 年单位 GDP 能耗下降（%）、能源消费总量（亿吨标准煤）及各分项增长率（%）

年 份	单位 GDP 能耗下降	能源消费总量	增长率	煤炭增长	原油增长	天然气增长	电力增长
2013	3.7	37.5	3.7	3.7	3.4	13.0	7.5
2012	3.6	36.2	3.9	2.5	6.0	10.2	5.5
2011	2.01	34.8	7.0	9.7	2.7	12.0	11.7
2010	4.01	32.5	5.9	5.3	12.9	18.2	13.1
2009	2.2	31	6.3	9.2	7.1	9.1	6.2

资料来源：国家统计局统计公报。

2. 清洁能源利用水平低于全球平均水平。2013年，全球22.1%的电力来自可再生能源，其中16.4%来自传统的水电，光伏发电、核电发电、生物质发电、风电发电、其他（地热能、太阳能、海洋能）的比例依次为0.7%、10.8%、1.8%、2.9%、0.4%。同期，我国光伏发电、核电发电、生物质发电、风电发电的利用水平分别是0.2%、2.1%、0.7%、2.7%，都不同程度地低于全球平均水平，差距从大到小依次是核电、光伏、生物质、风电，其中风电发电占比已经接近全球平均水平（图3-1）。

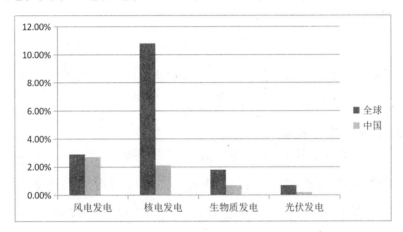

图3-1 我国清洁能源利用水平与全球平均水平比较

资料来源：王小康.2014中国节能减排发展报告：能源与环境的双赢机会[M].北京：中国经济出版社,2014.

3. 西部地区能源消费继续保持快速增长。从地区的角度看，绝大部分地区完成了国家下达的年度节能目标。2014年8月，国家发改委会同国务院有关部门，对各地区2013年度节能和控制能源消费总量目标完成情况、措施落实情况进行了现场评价考核，并将考核结果分三类进行公告。值得注意的是，新疆因新上项目较多、新增能耗大等原因位于未完成等级，而同处西北的青海、宁夏则是勉强完成。西部地区正处于工业化快速发展时期，其能源消费也继续保持快速增长。以电力消费为例，2012—2013年，东部、中部、西部和东北地区全年用电增速分别为

6.6%、6.9%、10.6% 和 4.2%，均高出上年增速。西部地区明显高于其他地区，占全国用电比重同比提高 0.7 个百分点。2012—2013 年全国分地区电力消费结构见表 3-6。

表 3-6　2012—2013 年全国分地区电力消费结构

地　区	2012 年	2013 年
西部	48.50%	48.10%
中部	19.40%	19.40%
东部	25.30%	25.30%
东北	6.80%	6.60%

资料来源：中国电力企业联合会《2014 年度全国电力供需形势分析预测报告》。

（三）减排基本形势

企业节能减排法律责任实现的效果可以根据一定时期的环境状况来分析。企业节能减排法律责任得以实现，环境状况就会明显改善；反之，环境状况就没有改善甚至更糟。我国从 1990 年开始公布上一年度的《中国环境状况公报》。现将 1989—2014 年《中国环境状况公报》所公布的主要环境数据以列表方式展示出来（表 3-7），通过观察我国历年环境状况走势，以判定企业节能减排法律责任的实现状况。

表 3-7　中国主要污染物排放情况（1989—2014）[①]

年　份	二氧化硫排放量 / 万吨	废水排放量 / 亿吨	固体废物产生量 / 亿吨
1989	1 564	252	5.7
1990	1 495	354	5.8
1991	1 622	336.2	5.9
1992	1 685	366.5	6.2

---

① 陶伦康，鄢本凤.政府在节能减排中的生态责任研究 [M].北京：科学出版社,2016:81.

续 表

年　份	二氧化硫排放量／万吨	废水排放量／亿吨	固体废物产生量／亿吨
1993	1 795	355.6	6.2
1994	1 825	365.3	6.2
1995	1 396	356.2	6.5
1996	1 397	205.9	6.6
1997	2 346	416	10.6
1998	2 090	395	8
1999	1 857	401	7.8
2000	1 995	415	8.2
2001	1 947.8	428.4	8.87
2002	1 926.6	439.5	9.5
2003	2 158.7	460	10
2004	2 254.9	482.4	12
2005	2 549.3	524.5	13.4
2006	2 588.8	537	15.2
2007	2 468.1	556.7	17.6
2008	2 321.2	572	19.0
2009	2 214.4	589.2	20.4
2010	2 185.1	617.3	24.1
2011	2 217.9	652.1	32.5
2012	2 117.6	684.6	32.9
2013	2 043.9	695.4	32.8
2014	1 974.4	709.5	32.56

资料来源：中国环境状况公报。

　　国家"十二五"规划纲要明确了主要污染物减排约束性指标，以及到 2015 年全国化学需氧量和二氧化硫排放量分别控制在 2 347.6 万吨和

2 086.4 万吨，比 2010 年分别下降 8%。全国氨氮和氮氧化物排放量要分别控制在 238 万吨和 2 046.2 万吨，比 2010 年分别下降 10%。但从表 3-7 的数据来看，2011 年以后，我国工业废水排放量和工业固体废物产生量均出现大幅反弹趋势，污染程度仍处在相当高的水平。

我国"十二五"时期主要减排指标见表 3-8。

表 3-8 "十二五"时期主要减排指标①

指 标	单 位	2010 年	2015 年	变化幅度/变化率
工业				
工业化学需氧量排放量	万吨	355	319	[-10%]
工业二氧化硫排放量	万吨	2 073	1 866	[-10%]
工业氨氮排放量	万吨	28.5	24.2	[-15%]
工业氮氧化物排放量	万吨	1 637	1 391	[-15%]
火电行业二氧化硫排放量	万吨	956	800	[-16%]
火电行业氮氧化物排放量	万吨	1 055	750	[-29%]
钢铁行业二氧化硫排放量	万吨	248	180	[-27%]
水泥行业氮氧化物排放量	万吨	170	150	[-12%]
造纸行业化学需氧量排放量	万吨	72	64.8	[-10%]
造纸行业氨氮排放量	万吨	2.14	1.93	[-10%]
纺织印染行业化学需氧量排放量	万吨	29.9	26.9	[-10%]
纺织印染行业氨氮排放量	万吨	1.99	1.75	[-12%]
农业				
农业化学需氧量排放量	万吨	1 204	1 108	[-8%]
农业氨氮排放量	万吨	82.9	74.6	[-10%]
城市				

① 陶伦康，鄢本凤.政府在节能减排中的生态责任研究[M].北京：科学出版社,2016:82.

续　表

指　标	单　位	2010 年	2015 年	变化幅度 / 变化率
城市污水处理率	%	77	85	8

资料来源：《节能减排"十二五"规划》，2012 年 8 月 6 日。

　　表 3-9 为 2013 年八家中央企业主要污染物总量减排考核结果。环境保护部会同国家统计局、国家发改委对 2013 年度各省、自治区、直辖市和八家中央企业主要污染物总量减排情况考核的公告显示：2013 年，全国化学需氧量排放总量 2 352.7 万吨，同比下降 2.93%；氨氮排放总量 245.7 万吨，同比下降 3.14%；二氧化硫排放总量 2 043.9 万吨，同比下降 3.48%；氮氧化物排放总量 2 227.3 万吨，同比下降 4.72%，四项污染物排放量均同比下降。与此同时，按照 2012 年修订的空气质量标准，中国城市空气质量达标标准是 PM2.5 年平均浓度在 35 微克 / 立方米。按照这一界限值，去年只有舟山、拉萨和海口三个城市的空气质量达标。

表 3-9　2013 年八家中央企业主要污染物总量减排考核结果

企业名单	化学需氧量			氨　氮			二氧化硫			氮氧化物		
	2012 年排放量（万吨）	2013 年排放量（万吨）	较 2012 年减少（%）	2012 年排放量（万吨）	2013 年排放量（万吨）	较 2012 年减少（%）	2012 年排放量（万吨）	2013 年排放量（万吨）	较 2012 年减少（%）	2012 年排放量（万吨）	2013 年排放量（万吨）	较 2012 年减少（%）
中国石油天然气集团公司	3.41	3.29	-3.68	1.40	1.37	-2.00	23.20	21.46	-7.52	20.18	19.55	-3.15

企业名单	化学需氧量			氨 氮			二 氧 化 硫			氮 氧 化 物		
	2012年排放量（万吨）	2013年排放量（万吨）	较2012年减少（%）	2012年排放量（万吨）	2013年排放量（万吨）	较2012年减少（%）	2012年排放量（万吨）	2013年排放量（万吨）	较2012年减少（%）	2012年排放量（万吨）	2013年排放量（万吨）	较2012年减少（%）
中国石油化工集团公司	4.02	3.89	−3.17	1.18	1.14	−3.79	37.29	33.77	−9.43	22.24	21.17	−4.82
中国华能集团公司	−	−	−	−	−	−	84.11	74.39	−11.55	139.92	115.23	−17.64
中国大唐集团公司	−	−	−	−	−	−	76.09	69.11	−9.17	127.73	106.50	−16.62
中国华电集团公司	−	−	−	−	−	−	80.13	71.08	−11.30	100.23	91.30	−8.91
中国国电集团公司	−	−	−	−	−	−	81.28	74.16	−8.76	130.35	111.24	−14.66
中国电力投资集团公司	−	−	−	−	−	−	56.14	54.72	−2.54	74.27	68.96	−7.16
神华集团有限责任公司	−	−	−	−	−	−	44.95	41.83	−6.95	69.27	59.03	−14.79

续　表

企业名单	化学需氧量			氨　氮			二氧化硫			氮氧化物		
	2012年排放量（万吨）	2013年排放量（万吨）	较2012年减少（%）	2012年排放量（万吨）	2013年排放量（万吨）	较2012年减少（%）	2012年排放量（万吨）	2013年排放量（万吨）	较2012年减少（%）	2012年排放量（万吨）	2013年排放量（万吨）	较2012年减少（%）
合计	7.43	7.18	-3.36	2.58	2.51	-2.71	483.19	440.51	-8.83	684.18	592.98	-13.33

资料来源：国家发展和改革委员会资源节约和环境保护司。

　　不同行业减排重点不同，不同地区减排压力不同。2012 年，环保部调查统计的 41 个工业行业中，二氧化硫排放量位于前三位的行业依次是电力、热力生产和供应业，黑色金属冶炼及压延工业，非金属矿物制造业，三个行业共排放二氧化硫 1 237.4 万吨，占重点调查工业企业二氧化硫排放总量的 69.7%。从省份来看，2012 年纳入环境保护部重点调查统计范围的电力、热力生产和供应企业二氧化硫排放量居全国前 4 位的省份依次为内蒙古、山东、山西和贵州，其二氧化硫排放量占电力、热力生产和供应企业总排放量的 34.0%。[①]2012 年主要污染物排放重点行业情况见表 3-10。

表 3-10　2012 年主要污染物排放重点行业情况

类　别	排放量位于前三位的行业	占重点调查统计企业同类废物排放量比重
废水	造纸和纸制品业、化学原料及化学制品制造业、纺织业	49.7%
二氧化硫	电力、热力生产和供应业，黑色金属冶炼及压延工业，非金属矿物制造业	69.7%

---

① 程晖 . 节能减排需从体制改革上破题 [N]. 中国经济导报, 2014-11-04(A01).

类　别	排放量位于前三位的行业	占重点调查统计企业同类废物排放量比重
氮氧化物	电力、热力生产和供应业，非金属矿物制造业，黑色金属冶炼及压延工业	87.9%

资料来源：杨拴昌.2013-2014年中国工业节能减排发展蓝皮书[M].北京：人民出版社,2014.

2012年部分省份二氧化硫排放总量如图3-2所示。

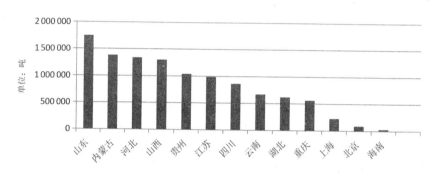

图3-2　2012年部分省、市二氧化硫排放总量

资料来源：王小康.2013中国节能减排发展报告——新改革北京下的产业转型升级[M].北京：中国经济出版社,2013.

二、企业履行节能减排法律责任的现实困境

近年来，随着社会各界对能源资源消耗和环境保护的重视，我国企业节能减排取得了一定的成效，但是我们在看到成绩的同时，也必须清醒地认识到，企业在履行节能减排法律责任方面还存在一些亟待解决的问题。2014年6月11日，环保部发布公告对2013年脱硫设施存在问题的19家企业予以处罚。19家企业的被罚脱硫电价款或追缴排污费合计4.1亿元。在19家上榜企业中，五大电力集团均有下属子公司上榜，此外华润、中石油、神华等央企子公司也在名单中。早在2013年5月，环保部就对多家央企电厂的脱硫设施进行过公示处罚，但并没有引起企

业界的足够重视。总体上看，我国企业在履行节能减排法律责任方面还存在"无压力、无动力、无能力"的实践难题。

（一）企业履责的压力不足

课题组通过对近几年媒体报道的重大环境污染事件的梳理以及对发生在云南的阳宗海水污染案件的深入调查，得出的结论认为，企业在履行节能减排法律责任上存在压力不足的主要原因是：政府的环境监管不力和企业的法律责任追究不到位。

1.政府的环境监管不力

《中华人民共和国宪法》第二十六条规定："国家保护和改善生活环境和生态环境，防治污染和其他公害。"《环境保护法》第六条规定："地方各级人民政府应当对本行政区域的环境质量负责。"这在法律上确定了对环境质量负责的法律责任主体是政府。当前，企业履行节能减排法律责任的约束主要来自政府层面和执法机构。

许多环境问题从表面上看是由企业或个人造成的，但根源在于政府监管不力，特别是有些地方政府对环境保护重视不够，对污染行为视而不见，放任自流，甚至实行地方保护，"有法不依、执法不严、违法不究"现象严重，导致出现所谓企业"守法成本高、违法成本低"的问题。[①] 我国多数环境法律法规之所以执行不力，中央下达的节能降耗、保护环境的指标之所以执行不力，根源在于这些指标既不符合下级政府的经济利益，也不符合下级政府的政治利益，因而得不到地方政府真心实意的支持。[②] 重大环境事件的原因看似责任在企业，实则根源在当地政府，地方保护主义、政府不作为是导致污染事件的根本原因。[③] 回顾

① 　陶伦康，鄢本凤.政府在节能减排中的生态责任研究[M].北京：科学出版社,2016:85.

② 　孙佑海.影响环境资源法实施的障碍研究[J].现代法学,2007,29(2)32-37.

③ 　潘岳.甘肃、湖南两起重大环境事件源于"行政不作为"政府有关责任人应受到严厉查处[EB/OL].(2006-09-14)[2019-05-12].http://www.mee.gov.cn/gkml/sthjbgw/9t/200910/t20091023_180024.htm.

我国近几年所发生重大生态事件（表 3-11），我们会发现，在发生严重的环境污染事件背后，是各地政府及其环保职能部门监管不力，长期对企业违法的默许甚至纵容所致。

表 3-11 2002—2014 年我国重大生态事件梳理 [1]

年 份	重大生态事件
2002	◆贵州都匀矿渣污染事件　　　◆云南南盘江水污染事件
2003	◆三门峡水库泄出"一库污水"事件
2004	◆沱江"3.02"特大水污染事件　　◆河南濮阳喝不上"放心水"事件 ◆四川青衣江水污染事件
2005	◆重庆綦江水污染事件　　　◆浙江嘉兴遭遇污染性缺水危机事件 ◆黄河水沦为"农业之害"事件　　◆松花江重大水污染事件 ◆广东北江镉污染事故
2006	◆吉林牤牛河水污染事件　　　◆甘肃血铅污染事件 ◆湖南岳阳砷污染事件　　　◆河北白洋淀水污染事件 ◆四川泸州电厂重大环境污染事故
2007	◆太湖、巢湖、滇池爆发蓝藻危机　◆江苏沭阳水污染事件
2008	◆广州白水村"毒水"事件 ◆云南阳宗海砷污染事件
2009	◆湖南武冈血铅超标事件　　　◆陕西凤翔血铅超标事件 ◆湖南浏阳镉污染事件　　　◆江苏盐城水污染事件 ◆山东沂南砷污染事件　　　◆陕西汉阴尾矿库塌陷事故 ◆"有色金属之乡"饮水告急　　◆福建上杭血铅超标事件 ◆广东清远血铅超标事件
2010	◆紫金矿业铜酸水渗漏事故　　◆安徽怀宁血铅污染事件 ◆大连新港原油泄漏事件　　　◆松花江化工桶事件 ◆河南铬废料堆积成城市毒瘤
2011	◆渤海蓬莱油田溢油事故　　　◆哈药总厂水污染事件 ◆浙江杭州水源污染事件　　　◆云南曲靖铬渣污染事件 ◆甘肃徽县血镉超标事件　　　◆江西铜业排污祸及下游事件 ◆苹果公司中国代工厂污染环境事件

---

[1] 陶伦康，鄢本凤.政府在节能减排中的生态责任研究 [M].北京：科学出版社,2016:87.

续 表

年 份	重大生态事件
2012	◆广西龙江河镉污染事件　　　　◆江苏镇江水污染事件
2013	◆河南新乡造纸厂污染农田事件　◆昆明东川"牛奶河"事件 ◆联邦制药内蒙古污染事件　　　◆河北沧县"红豆局长"事件 ◆山东潍坊地下深井排污事件　　◆山西苯胺泄漏污染浊漳河事件 ◆湖北宜昌河流污染事件　　　　◆台州河流氨氮严重超标事件 ◆汉中市2吨柴油流入玉带河事件　◆湖南省部分河流污染物超标事件 ◆长庆油田污染额日克淖尔湖事件　◆贵阳母亲河污染事件
2014	◆腾格里沙漠排污事件　　　　　◆兰州水污染事件 ◆湖北汉江武汉段氨氮超标事件　◆重庆千丈岩水库污染事件 ◆河北建滔化工非法排放涉毒气体事件　◆江苏靖江水污染事件 ◆新疆准东煤田工业废渣排向保护区事件 ◆广东茂名师生吸入污染空气致身体不适事件

　　在国家政策对环保价值日益认可与重视的今天，为什么反而发生类似事件呢？主要还是因为目前 GDP 仍然是很多地方政府政绩的重要考核指标。同时，利益集团严重影响甚至控制着环境决策和执法，造成资本挟持环境治理。在能源消费统计、计量、监测体系不健全，节能减排主管部门、监测机构和企业责任分配不明晰的情况下，仅依靠企业的自觉性，也很难将节能减排工作做到位。在企业节能考核方面，单位产品能耗下降率是重要指标之一，但企业为了提高产品质量或延长产品使用寿命，进而提高单位产品附加值，往往对产品进行深加工，在技术、装备和原材料等不变的情况下，产品深加工必然会带来能耗的提高，影响企业节能的工作成效。但对地方政府而言，只要经济增速超过能耗增速，做大 GDP 是一项"双赢"的选择，因为单位 GDP 能耗下降率是对政府节能工作的重要考核指标。政府本应是地方环境的"监护人"，却成了违法企业的"保护者"。原因在于这些企业能给地方政府带来经济创收，完成 GDP 增长。企业履行节能减排法律责任不仅仅是企业内部

的问题，也需要其他社会主体的关注，构成企业履责的外部环境。① 尤其是其他社会主体的施压，可以更好地促进企业履行节能减排法律责任，但是在地方政府普遍存在地方保护主义的情况下，环保执法力度和媒体监督力度都遭到弱化，环保组织在中国数量少、发展慢、能力弱，他们往往顶不住来自行政层面的压力，其他社会主体对企业节能减排的监督和施压明显乏力。这种局面最终导致企业履行节能减排法律责任无压力状况的出现。

2.企业环境法律责任追究不到位

对企业环境法律责任追究不到位也是导致企业履行节能减排法律责任压力不足的一个重要原因。现以课题组深入调查的 2008 年云南阳宗海砷污染案例来说明。

案情简介：

阳宗海是云南省九大高原湖泊之一，面积为 31 平方千米，汇水区面积为 192 平方千米，总蓄水量为 6.04 亿立方米，是沿湖 26 596 名居民饮用水水源地，更是当地渔民的衣食之源。从 2008 年 6 月以来，阳宗海出现了严重的砷污染。造成阳宗海水体砷污染的主要来源之一是云南澄江锦业工贸有限责任公司，而昆明柏联房地产开发有限公司昆明柏联温泉旅游分公司也存在砷污染隐患。此外，云南凤鸣磷肥厂、澄江县团山磷化工厂、春城湖畔旅游置业发展有限公司、澄江县阳宗耐火材料厂、宜良县汤池镇邱洪明废油废塑料回收厂、云南澄江阳宗海化工有限公司等几家企业，也存在不同程度的环境违法行为，超标排污和偷排现象严重。②

引起社会广泛关注的阳宗海砷污染事件发生后，2008 年 10 月 22 日

① 陶伦康，鄢本凤.政府在节能减排中的生态责任研究 [M].北京：科学出版社,2016:88.
② 陶伦康，鄢本凤.政府在节能减排中的生态责任研究 [M].北京：科学出版社,2016:89.

下午，云南省监察厅通报阳宗海污染事件问责处理情况，对导致阳宗海水体砷污染事件的 26 名相关责任人给予行政问责。[①]

案情分析：

（1）该案没有追究排污企业环境侵权行为的民事赔偿责任。排污企业给阳宗海周围居民带来生命健康损害、发展机会丧失等经济损失，但是，阳宗海周围居民并没有从该案中获得来自排污企业的赔偿，而仅得到政府的一点补偿，2009 年 7 月，昆明市水利局通报，政府将拿出1 000 余万元，对阳宗海砷污染受影响区渔民渔船渔具和养鱼户进行补偿。其中，呈贡县制定了《呈贡县阳宗海渔民渔船渔具处置方案》，由相关部门联合完成对呈贡县阳宗海渔民船只、渔具的补偿兑付工作，共补助 104.9 万元，并对船只、渔具进行处置，由废品公司统一进行了收购。宜良县制定了《宜良县阳宗海砷污染受影响区渔民渔船渔具和养鱼户处置方案》，补偿金额为 1 228.3 万元。据估算，用三年时间把阳宗海湖水治理恢复到 Ⅲ 类水质，至少要花费几十个亿，而且沿湖 2.6 万人的饮水安全还深受影响。正是这种民事赔偿责任的缺失，导致企业在履责节能减排法律责任上缺乏压力。[②]

（2）该案对排污企业环境违法行为的行政处罚过轻。阳宗海污染后，虽然也有 26 名人员被行政问责，但是，对于丧失发展机会而背井离乡的渔民来说，这样的"通报批评""引咎辞职"和"免职"都不足以弥补其损失。我国的行政处罚形式多以罚款为主，而且我国环境法律对环境行政处罚的额度规定较低。环境执法存在"一低二高三难"的现象，即违法成本低、执法成本高、守法成本高、执法举证难、追究法定代表人责任难和强制整改难。企业在权衡利弊之后，普遍选择恶意偷

① 谢炜.阳宗海砷污染案终审判决 [N].云南日报,2009-8-27(2).

② 陶伦康,鄢本凤.政府在节能减排中的生态责任研究 [M].北京:科学出版社,2016:88.

排、超标排放。2012 年，"010-12369"环保举报热线共接到群众来电及网上反映问题 23 486 次。各地环保部门依法对被举报企业的违法行为进行了处罚，其中，限期治理 384 家，实施停产治理 233 家，取缔、关闭或关闭部分生产线 144 家，现场纠正 102 家，经济处罚 44 家，警告 19 家。①

（3）该案对排污企业环境刑事违法行为制裁不力。在阳宗海污染案中，3 人获得 3～4 年不等的有期徒刑并被判处罚金，但相对于阳宗海污染所造成的巨大损害，罚金明显偏低，责任人范围过窄，所判刑期较短。对企业节能减排违法行为的刑事制裁主要是通过要求企业及其相关负责人承担现行刑法规定的刑罚来实现的。我国现行刑法为环境资源犯罪规定了罚金、管制、拘役和有期徒刑等四种刑罚方式。我国企业节能减排刑事责任实现方式的不足主要表现在：一是财产刑的使用不足以威慑环境犯罪行为；二是现行刑法没有剥夺犯罪者相关资格的规定，犯罪分子往往经过处罚后，仍可继续进行犯罪。②从有关统计数据可知，自年 1997 年以来，全国法院系统以"重大环境污染事故罪"的罪名作出的刑事判决的案件数量是极为有限的，这与我国环境突发事件频发以及环境质量恶化的客观现实是极不匹配的。我们从表 3-12 中也可看出这一点。

表 3-12 :2008-2013 年环境案件处理情况统计

年　份	突发环境事件数 / 次	网络或电话投诉数 / 件	行政处罚案件数 / 起	环境犯罪案件数 / 起
2013 年	712	1 110 000	139 059	/
2012 年	542	892 348	117 308	/
2011 年	542	852 700	119 333	/

① 陶伦康，鄢本凤.政府在节能减排中的生态责任研究 [M].北京：科学出版社,2016:86.
② 张彤华.环境刑事责任的实现 [J].北方环境,2011,23(8):1-3.

续 表

年 份	突发环境事件数/次	网络或电话投诉数/件	行政处罚案件数/起	环境犯罪案件数/起
2010 年	420	/	116 820	11
2009 年	418	/	78 788	3
2008 年	474	/	89 820	2

资料来源：中国环境状况公报。

政府生态监管失范，使政府对自己提出的建设"资源节约型、生态友好型"社会处境尴尬，加之对企业节能减排法律责任追究不到位，最终必然出现企业履责"无压力"情况的出现。

（二）企业履责的动力不足

当前，我国大多数企业并没有主动承担节能减排责任，因为从短期效益来看承担节能减排责任会增加企业生产成本。虽然经济学界、管理学界、企业界和法学界开始从企业自律视角探讨企业履行节能减排责任的新方略。但是，在中国的现实语境下，由于违法成本低廉，环境成本的外部性不能够内部化，企业节能减排自律制度还显得严重缺位，主要表现在：

1. 对节能减排认识不足，导致企业节能减排消极应付。[①] 企业在本质上是追求利润最大化的，只要企业节能减排成本不足以触动企业核心经济利益，企业自然对节能工作不够重视。一般而言，企业不会主动支付成本进行节能减排。多数企业负责人，尤其是中小企业负责人，在企业节能减排行为中更多看到的是节能减排给企业带来的成本负担，而很少意识到履行节能减排责任能够给企业带来的发展机遇。例如，2014年4—8 月间，云南省以高耗能行业、重点用能单位、主要用能设备和重大项目为重点，组织省、州（市）、县三级节能机构联合行动，对全

---

① 陶伦康,鄢本凤.政府在节能减排中的生态责任研究[M].北京:科学出版社,2016:87.

省 94 户 2013 年综合能耗 10 万吨标准煤以上的重点用能企业进行了节能监察，发现存在节能违法行为的企业 25 户。课题组在调查走访中发现，占企业总量绝大多数的中小企业，面临的还是生存问题，因此对节能减排成本非常敏感，他们普遍缺乏自愿节能减排的动力。尤其是在工业品产能过剩现象严重的情况下，企业整体利润改善空间有限，企业效益不好的时候，更是无资金用于开展节能减排工作，造成企业，尤其是高耗能企业，节能减排的动力严重不足。例如，在万家企业节能低碳行动中，部分企业表示自身节能目标过高，实现难度大，有些企业甚至产生抵触情绪。[①]

2. 市场化机制不完善，抑制了企业节能减排的内生动力。[②] 目前，我国企业节能减排的市场机制还不完善，能源资源等生产要素成本长期以来被低估，造成了能源资源的极大浪费和低效率使用。以碳排放权交易为例，2011 年 10 月，国家发改委下发了《关于开展碳排放权交易试点工作的通知》，批准北京、天津等 7 个省市开展碳排放权交易试点工作，为建立国家统一碳市场做准备。2014 年 6 月为试点企业第一个履约期，但是在履约截止期之前很长一段时间里，碳交易量很少，基本处于有价无市的状态，但在 2014 年 6 月 30 日之前两周内，深圳排放权交易所的碳交易量急剧增加，价格也因需求的拉动而出现短暂的回升，但在交易履约期过后，碳交易市场又恢复不活跃状态（表 3-13）。碳排放权交易涉及很多复杂的市场和技术问题，试点城市碳排放交易工作开展较为困难，在碳排放配额的初始分配方面，各试点交易所也以无偿发放为主，有利于节能减排的市场环境尚未形成，企业节能减排内生动力普遍不足，出现"数字节能"和"数字减排"现象。

---

① 国宏美亚（北京）工业节能减排技术促进中心.2012 中国工业节能进展报告："十二五"工业节能形势与任务 [M].北京：海洋出版社,2013:79.
② 陶伦康,鄢本凤.政府在节能减排中的生态责任研究 [M].北京：科学出版社,2016:88.

表 3-13　5 个碳排放交易试点的若干基本情况

地　点	履约期限	开市时间	强制纳入企业家数	配额发放方式	履约结果
深圳	2014.6.30	2013.6.18	635	无偿＋有偿（拍卖、固定价格）	99.4%
上海	2014.6.30	2013.11.26	380	免费发放（2013—2015 年）	100%
北京	2014.6.27	2013.11.28	490	免费发放	50%
广州	2014.7.15	2013.12.19	242	部分免费＋部分有偿（2013—2014 年为 97%+3%，2015 年为 90%+10%）	98.9%
天津	2014.7.25	2013.12.26	114	免费发放＋拍卖或固定价格出售有偿发放（仅在交易市价出现大幅波动时使用）	/

资料来源：王小康.2014 中国节能减排发展报告：能源与环境的双赢机会 [M].北京：中国经济出版社,2014.

（三）企业履责的能力不足

课题组在实地走访调研中发现，由于我国中小企业数量庞大，这些企业在经营过程中往往就面临资金短缺问题，谈到如何承担节能减排责任问题时，更多企业表现的是一种无奈。如果说企业节能减排履责"无压力、无动力"更多是一种外因导致的话，那么"无能力"却是由于企业自身的短板——"缺资金、缺技术"导致的。中国企业联合会与中国企业管理科学基金在对国内数省地方企业进行的实地调研和问卷调查也显示，40% 的企业认为本企业的能耗与排放情况落后于同行的国际先进水平，说明样本企业的能耗与排放情况与国际同行业相比还有一定差距。[①] 如果说中小企业增强其节能减排能力亟须壮大自身实力与推广节能减排技术的话，那么对于已有环境责任意识的大中型企业来说，则亟须提升其环境信息收集能力、环境影响管控能力以及环境技术创新能力等（表 3-14）。

---

① 胡迟.我国企业节能减排状况的调查分析 [N].企业家日报,2014-10-19(W04).

表 3-14 纺织行业节能减排技术普及率及"十二五"预计推广比例对照表

技术 普及率	技术数量 （合计 51 项）	数量 占比	"十二五"预计推 广技术数量 （合计 51 项）	预计推广 数量占比
5%	39	76%	2	4%
10%	10	20%	8	16%
30%	2	4%	35	69%
50%	0	0	5	10%
70%	0	0	1	2%
>70%	0	0	0	0

资料来源：王小康 . 2013 中国节能减排发展报告——新改革背景下的产业转型升级 [M].北京：中国经济出版社,2013.

1.严重的产能过剩，制约了企业节能减排的经济能力。中国企业家调查系统公布的"2013 中国企业经营者问卷跟踪调查"显示，我国企业设备利用率总体上为 72%，其中制造业仅为 70.8%，比 2012 年低了 1 个百分点。[1] 来自工业和信息化部的数据显示，2012 年有 216 条在建水泥生产线，预计到 2013 年建成投产，届时新型干法水泥产能将达到 31.33 亿吨，富余程度将达 30.54%。[2] 根据中国宏观经济信息网对 3 545 家企业所在行业产能过剩情况的调查，71% 的企业认为目前产能过剩"非常严重"或"比较严重"，企业设备利用率仅为 72%。同时，产能过剩呈现行业面广、绝对过剩程度高等特点。由于地方保护和缺乏有效退出机制，过剩产能调整工作进展缓慢，67.7% 的企业认为，要消化目前的过剩产能，至少需要 3 年以上的时间。在工业品价格下行压力不减且需求难以大幅回升的情况下，工业企业整体利润改善空间有限，企业效益不好的时候，无资金用于开展节能减排工作，而且，较低的设备利用率导

---

① 朱剑红,左娅 . 产能过剩再分析 [N].人民日报,2014-03-17(019).
② 方家喜 .多部委"釜底抽薪"去过剩产能 [N].经济参考报,2013-07-09(001).

致能源利用效率水平太低，抵消了节能技术改造获得的节能量。产能过剩造成工业企业尤其是高耗能企业节能减排发展空间有限。[①]

2. 生产设备的落后，抑制了企业节能减排的技术能力。推进节能减排，归根结底要靠技术。近十几年来，我国节能减排技术发展速度加快。不论是常规能源还是新能源、可再生能源，技术水平都有了很大提高，一些大型能源企业最新采用的技术和装备已经达到或接近世界领先水平。虽然我国一些大型能源企业拥有了世界一流的大型、高效和清洁的能源生产设备，但低效、落后的生产设备仍大量存在。这种先进装备和落后设备并存的格局使我国能源工业的整体技术水平仍不高，其中一些关键技术距国际先进水平仍有较大的差距。例如，在电力行业中，超超临界、超临界和亚临界机组与 20 世纪 50 年代制造的中低压发电机组并存。在煤炭开采中，世界最先进的综合机械化采煤设备和最大的单矿工作面与大量小煤窑依靠人工开采的落后开采方式并存；石油炼制企业的总体效率与国际先进水平也有一定差距。可见，我国的节能减排技术还较为落后，远不能适应大规模推进节能减排的需要，因此，需要加快节能减排技术的研发与大规模推广应用，依靠科技进步和科技创新，大力发展新能源、可再生能源技术和节能技术。[②]

①　陶伦康，鄢本凤.政府在节能减排中的生态责任研究 [M].北京：科学出版社,2016:90.
②　陶伦康，鄢本凤.政府在节能减排中的生态责任研究 [M].北京：科学出版社,2016:91.

第四章 企业节能减排法律责任的制度分析

目前我国的企业节能减排已有比较充分的法律保障，立法体系日趋完整，法律制度日益健全。但"法律的生命在于它的实施"①。美国当代法学家博登海默曾指出："如果包含在法律规定部分中的'应当是这样'的内容仍停留在纸上，而不影响人的行为，那么法律只是一种神话，而非现实。"②本部分主要通过对我国企业节能减排立法沿革进行系统梳理，结合《中共中央关于全面深化改革若干重大问题的决定》和《环境保护法》，对企业节能减排法律责任的制度缺陷进行剖析，进而对我国节能减排立法的实效性进行考察。

一、企业节能减排法律责任的立法沿革

我国企业节能减排立法实践是伴随着我国经济的不断发展、理念的不断转变、策略的不断完善而逐步展开的，并在发展中不断反思，在推进中不断修正，形成了目前的企业节能减排法律框架体系。特别是在

---

① POUND R. Jurisprudence[M]. St Paul:West Publishing Company,1959:35-37.

② ［美］E.博登海默.法理学：法哲学与法律方法［M］.邓正来，译.北京：中国政法大学出版社，2004:79-81.

1998年《节约能源法》施行之后，节能减排相关立法的不断完善，使企业节能减排工作开始走上了规范化、制度化的道路。总体上看，立法进程大致经历了四个阶段。

（一）立法的初期阶段（20世纪70年代）[①]

中华人民共和国成立后，为了早日实现工业化和现代化，政府集中精力发展工业，高污染的"五小"企业遍地开花，为环境问题埋下了大量隐患。[②]1972年，国内发生了大连湾污染和北京鱼污染事件，引起了中央高度重视。[③]同年6月，联合国人类环境会议在瑞典斯德哥尔摩召开，会议涉及一些国家在经济发展过程中环境问题的严峻性。我国派代表团参加了这次盛会，并了解到环境保护在国际上的最新进展。这次会议对我国在环境管理、污染治理、节能减排等方面的工作产生重大影响，并直接影响到我国在环境保护工作上的制度设计和理念形成。

1973年8月，我国召开全国第一次环境保护会议。会议审议通过了由国务院批转的环境保护文件《关于保护和改善环境的若干规定》（以下简称《规定》）。该《规定》明确了环境保护的"32字方针"[④]"三同时"制度[⑤]和鼓励综合利用政策；该《规定》还明确提出，把环境保护与发展国民经济统一起来，统筹兼顾，全面安排。1974年，国务院颁布了《中华人民共和国防止沿海水域污染暂行规定》，并于同年成立了国务院环境保护领导小组，在其推动下，此后相继颁布了《工业"三废"排放

---

① 陶伦康,鄢本凤.政府在节能减排中的生态责任研究[M].北京:科学出版社,2016:83.

② 张连辉,赵凌云.1953—2003年间中国环境保护政策的历史演变[J].当代中国史研究,2008(1):122-123.

③ 周宏春.环境保护应成为我国又好又快发展的重头戏[J].中国发展观察,2008(12):19-22.

④ "32字方针"：全面规划、合理布局、综合利用、化害为利、依靠群众、大家动手、保护环境、造福人民。

⑤ "三同时"制度：一切新建企业、扩建和改造的老企业,防治污染项目必须和主体工程同时设计、同时施工、同时投产。

试行标准》《放射防护规定》《生活饮用水卫生标准（试行）》《渔业水质标准》和《农田灌溉水质标准》等。

国务院环境保护领导小组于 1974 年下发《环境保护规划要点》，1975 年下发《关于环境保护的 10 年规划意见》，1976 年又下发《关于编制环境保护长远规划的通知》，这些文件为全国范围内开展"三废"治理和综合利用工作起到重要的支持和保障作用。①

1978 年 3 月，《宪法》规定"国家保护环境和自然资源，防治污染和其他公害"。这是《宪法》第一次对环境保护作出规定，为我国节能减排立法提供了根本法依据。1978 年 12 月，中共中央批转了国务院环境保护领导小组的《环境保护工作汇报要点》，提出"消除污染，保护环境，是进行社会主义建设，实现四个现代化的一个重要组成部分"②。

1979 年颁布实施的《中华人民共和国环境保护法（试行）》是我国第一部综合性的环境保护基本法，标志着我国环境管理工作进入法治阶段。该法提出，控制新污染源的基本制度和原则是"在进行新建、改建和扩建工程时，必须提出对环境影响的报告书，经环境保护部门和其他有关部门审查批准后才能进行设计"。新建、扩建、改建工程中防治污染和其他公害的设施，"必须与主体工程同时设计、同时施工、同时投产；各项有害物质的排放必须遵守国家规定的标准"。治理现有污染源的原则是"谁污染谁治理"。这部法律的实施也为进一步推动节能减排工作奠定了良好的基础，并初步构建了一套环境保护制度，如"三同时"制度、环境影响评价制度和排污收费制度等。各种相应的环境保护机构也依据这部法律得以初步建立。③

---

① 曾正德.历代中央领导集体对建设中国特色社会主义生态文明的探索[J].南京林业大学学报（人文社会科学版）,2007,7(4):18-26.

② 国家环境保护局办公室.环境保护文件选编(1973—1987)[M].北京：中国环境科学出版社,1988:203.

③ 陶伦康,鄢本凤.政府在节能减排中的生态责任研究[M].北京：科学出版社,2016:79.

在这一时期，我国政府开始对环境保护及节能减排工作的重要性有所认识。但是，限于当时国家的经济发展水平，政府和企业对环境保护及节能减排工作的重视程度还远远不够。政府对环境管理还停留在比较肤浅的认识上，一些环境保护及节能减排政策也仅仅停留在文件上，对大量存在的环境污染行为，国家并没有较为明确的处罚措施。1976 年，大中型项目"三同时"执行率仅为 18%。[①] 在经济发展与环境保护的问题上，中国在这一时期选择了西方"先污染后治理"的老路，环境保护及节能减排的执行率很低，工业企业也没有把环境污染治理及节能减排当作是企业的法律责任。

（二）立法的发展阶段（20 世纪 80 年代）

20 世纪 80 年代，国家成立了专门的节能管理机构，节能作为一项专门工作被纳入到国家宏观管理的范畴。1980 年，国务院批转国家经济委员会、国家计划委员会《关于加强节约能源工作的报告》和《关于逐步建立综合能耗考核制度的通知》，制定并实施了我国资源节约与综合利用工作"开发与节约并重，近期把节约放在优先地位"的指导方针。[②] 在计划经济背景下，指令性规定成为我国当时规范节能工作的主要法律依据，具有很强的操作性。[③]1980 年至 1982 年，国务院连续颁布 5 个节能指令，即 1980 年《国务院关于压缩各种锅炉和工业窑炉烧油的指令》、1981 年《国务院关于节约用电的指令》、1981 年《国务院关于节约成品油的指令》、1982 年《国务院关于节约工业锅炉用煤的指令》和 1982 年《国务院关于发展煤炭洗选加工合理利用能源的

---

① 周宏春，季曦.改革开放三十年中国环境保护政策演变 [J].南京大学学报（哲学·人文科学·社会科学版）,2009,46(1):31-40.

② 刘云佳.改革开放 30 周年中国城市住宅产业回顾之——节能减排政策全收录 [J].城市住宅,2008(2):24-34.

③ 周宏春，季曦.改革开放三十年中国环境保护政策演变 [J].南京大学学报（哲学·人文科学·社会科学版）,2009,46(1):31-40.

指令》。这些指令的颁布实施在行政法规层面开启了规制节约能源的先河。[①]1982 年，国务院批转和颁布了《关于按省、市、自治区实行计划用电包干的暂行管理办法》《征收排污费暂行办法》，成为法律调整节能减排行为的重要依据。[②]

为了进一步强化企业的环境保护及节能减排意识，在这一时期，我国确立了一项重要的主要针对国有企业的环境保护及节能减排手段，即企业环境目标责任制。1983 年，第二次全国环境保护会议将环境保护确立为基本国策。制定了"三建设、三同步和三统一"[③]的环境保护战略方针和"三大政策"[④]。1986 年，国务院发布《关于加强工业企业管理若干问题的决定》，将提高产品质量、降低物质消耗和增加经济效益作为考核工业企业管理水平的主要指标。根据当时国有企业的级别制，企业若要上等级，在企业的升级考核中，加入企业环保指标，这就有效提高了企业环境管理和节能减排的效率。[⑤]这一阶段，我国的节能减排立法进入一个快速发展时期，一些重要的环境法律、法规相继颁布，主要有：1980 年颁布的《工业企业噪声卫生标准》；1982 年颁布的《征收排污费暂行办法》《中华人民共和国海洋环境保护法》《大气环境质量标准》《海水水质质量标准》；1983 年颁布的《全国环境监测管理条例》《中华人民共和国环境保护标准管理办法》《中华人民共和国海洋石油勘探开发环境保护管理条例》；1984 年颁布的《中华人民共和国水污染防治法》；1985 年颁布的《中华人民共和国海洋倾废管理条例》；1986 年颁布的《中

---

① 刘云佳.改革开放30周年中国城市住宅产业回顾之——节能减排政策全收录[J].城市住宅,2008(2):24-34.

② 陶伦康,鄢本凤.政府在节能减排中的生态责任研究[M].北京:科学出版社,2016:66.

③ 三建设:经济建设、城乡建设和环境建设;三同步:同步规划、同步实施、同步发展;三统一:经济效益、社会效益、环境效益相统一。

④ 三大政策:"预防为主,防治结合""谁污染,谁治理"和"强化环境管理"。

⑤ 孙晓伟.企业环境责任缺失:成因及治理[D].成都:西南财经大学,2010:82.

华人民共和国矿产资源法》《中华人民共和国土地管理法》《建设项目环
境保护管理办法》；1987 年颁布的《中华人民共和国大气污染防治法》；
1988 年颁布的《中华人民共和国水法》。1989 年，《中华人民共和国环
境保护法》的颁布，标志着以创建环境法律制度为目的的节能减排立法
体系初步形成。①

　　1989 年，我国召开了第三次全国环境保护会议。这次会议提出要向
环境污染宣战，通过深化环境监管，加强制度建设，促进经济与环境协
调发展；确立了环境影响评价、污染物集中控制、排污许可证、环境保
护目标责任制、城市环境综合整治定量考核制度等环境保护八项制度。
除了此次会议确定的八项制度外，国务院的其他文件还增加了污染限期
淘汰、危险废物处置、生产者环境责任延伸等制度。

　　在这一时期，虽然各项环境保护制度得到确认和发展，但是中国总
体的环境污染治理水平仍然比较低下，环境保护及节能减排总体绩效不
高。造成这一时期环境保护及节能减排总体绩效不高的重要原因在于政
府的经济社会发展战略以及企业对环境污染治理的认识态度。虽然政府
在经济社会发展战略上关于环境保护及节能减排有认识上和行动上的较
大进步，但是在促进经济发展的实践过程中依然表现出重经济发展轻环
境保护、重污染治理轻风险预防的思想倾向。同时，由于政府绩效考核
中强调经济建设指标，使政府官员普遍利用其手中所控制的资源，追求
其经济发展的"政绩"指标，导致许多地方存在以牺牲环境为代价来换
取经济发展的短期行为。虽然实行企业环境目标责任制，但是企业没有
充分的经营自主权，企业成为政府的附属物，成为当地官员谋求经济发
展"政绩"的载体，政府官员主导企业发展，企业环境目标责任制形同
虚设。

---

① 陶伦康，鄢本凤.政府在节能减排中的生态责任研究[M].北京：科学出版社,2016:93.

（三）立法的完善阶段（20世纪90年代）①

20世纪90年代，在经济社会发展上，国家提出必须正确处理好经济建设与人口、资源、环境的关系，把经济发展与人口、资源、环境工作紧密结合，统筹安排，协调推进。

1992年6月，在巴西里约热内卢召开的联合国环境与发展大会上，可持续发展成为环境保护的新理念。在此影响下，在国家战略层面上，我国开始接受联合国环境与发展大会提出的可持续发展战略思想，1992年，中央9号文件发布"环境与发展十大对策"，提出走可持续发展道路，转变传统发展模式。1994年，《中国21世纪议程》提出了可持续发展的总体战略、基本对策和行动方案，将节能减排纳入国民经济和社会发展目标，并确立了建立可持续发展环境法律体系的目标。②

在节能减排立法方面，1992年以后，国家根据环境保护工作的需要，加强环境保护立法和修订工作，出台了《中华人民共和国清洁生产促进法》等5部新的环境保护方面的法律，修改了《中华人民共和国大气污染防治法》等3部法律，制定和修改环境标准200多项。③《中华人民共和国电力法》（1995）、《中华人民共和国煤炭法》（1996）等与节能紧密相关的能源单行法相继出台。

1997年，第八届全国人大常委会第28次会议审议通过《中华人民共和国节约能源法》。国务院有关部门随即颁布了配套规章，如《中国节能产品认证管理办法》（1999）、《重点用能单位节能管理办法》（1999）等。《中华人民共和国节约能源法》的颁布实施确定了节能在中国经济

① 陶伦康,鄢本凤.政府在节能减排中的生态责任研究[M].北京:科学出版社,2016:94.
② 张连辉,赵凌云.1953—2003年间中国环境保护政策的历史演变[J].当代中国史研究,2008(1):122-123.
③ 周宏春,季曦.改革开放三十年中国环境保护政策演变[J].南京大学学报（哲学·人文科学·社会科学版）,2009,46(1):31-40.

社会建设中的重要地位，用法律的形式明确了"节能是国家发展经济的一项长远战略方针"，为中国的节能行动提供了法律保障。①

这一阶段，随着可持续发展战略的实施，政府不断加大环境保护力度，环保及节能减排工作也取得了一定成绩，如全国环境影响报告制度执行率由 1992 年的 61% 提高到 2001 年的 97%。②在取得环境保护绩效的同时，我们还应该看到，在这一阶段，局部环境问题得以改善，但整体环境质量持续恶化，环境问题依然很突出。这其中既有政治、经济方面的原因，也有法规制度建设方面的缺陷。

（四）立法的提升阶段（21 世纪以来）

在这一阶段，国家先后召开了三次全国环境保护会议。2002 年，第五次全国环境保护会议明确了环境保护是政府的一项重要职能，提出要按照社会主义市场经济的客观要求，动员全社会的力量做好环境保护工作，把环境保护放在更加突出的位置。2006 年 4 月 17 日，第六次全国环境保护大会召开，提出"十一五"期间环境管理要实现"三个转变"，即从重经济增长轻环境保护向保护环境与经济增长并重转变，从环境保护滞后于经济发展向环境保护和经济发展同步转变，从主要用行政办法保护环境向综合运用法律、经济、技术和必要的行政办法解决环境问题转变。③2011 年，第七次全国环境保护大会提出的"基本的环境质量是一种公共产品，是政府必须确保的公共服务"这一观点，再次明确界定了各级地方政府保护环境的重要职责。④

---

① 刘云佳.改革开放 30 周年中国城市住宅产业回顾之——节能减排政策全收录 [J].城市住宅,2008(2):24-34.

② 《中国环境年鉴》编委会.中国环境年鉴 1997[M].北京:中国环境科学出版社,1997;中国环境年鉴 2002[M].北京:中国环境科学出版社,2002:68.

③ 白永秀,李伟.改革开放以来的资源环境管理体制改革:历程梳理与后续期盼 [J].改革,2008(9):26-36.

④ 陶伦康,鄢本凤.政府在节能减排中的生态责任研究 [M].北京:科学出版社,2016:95.

进入 21 世纪以来，我国在继续执行和完善已有环境保护措施和手段的基础上，根据现实需要，又出台了一些新的环境政策法规。2000 年修订《中华人民共和国大气污染防治法》；2001 年颁布《中华人民共和国海域使用管理法》；2002 年修订《中华人民共和国水法》并颁布了《中华人民共和国环境影响评价法》和《中华人民共和国清洁生产促进法》等综合性的污染防治法律；2004 年修订《中华人民共和国土地管理法》和《固体废物污染环境防治法》；2008 年修订《中华人民共和国水污染防治法》；2009 年和 2011 年两次修订《中华人民共和国煤炭法》。2005 年颁布的《可再生能源法》（2009 年修订）和《清洁发展机制项目运行管理办法》。2007 年修订的《中华人民共和国节约能源法》明确规定，国家实施"节约与开发并举、把节约放在首位"的能源发展战略，并将"节约资源"明确为我国的一项基本国策。2008 年出台的《中华人民共和国循环经济促进法》，明确规定了节能、节水、节地、节材等内容，在依法遏制资源浪费行为、解决我国资源利用率低的问题上具有里程碑意义。①

为了促进可持续发展战略的实施，国务院还发布了相关文件，为经济社会的可持续发展提供保障。2003 年发布的《中国 21 世纪初可持续发展行动纲要》、2005 年发布的《国务院关于加快发展循环经济的若干意见》以及 2005 年发布的《国务院关于落实科学发展观加强环境保护的决定》等一系列文件，为企业履行节能减排责任，实现经济社会可持续发展明确了方向。2007 年，作为发展中国家颁布的第一部应对气候变化国家方案《中国应对气候变化国家方案》明确了中国应对气候变化的指导思想、原则、目标以及相关政策和措施。同年，《节能减排综合性工作方案》出台，对节能减排工作进行全面部署。2009 年 9 月，中国

---

① 陶伦康，鄢本凤.政府在节能减排中的生态责任研究 [M].北京：科学出版社,2016:94.

政府在联合国气候变化峰会上提出，争取到 2020 年，中国的单位国内生产总值二氧化碳排放（碳排放强度）比 2005 年显著下降，这是中国节能减排政策的一个质变：从能源强度到碳强度。从能源强度到碳强度的目标约束变化，体现了中国能源政策将面临一个战略性的转变，即从"十一五"时期以提高能源利用效率为主到今后将气候变化因素引入能源战略规划作为约束目标。[①]

2011 年 9 月 7 日，国务院下发了《"十二五"节能减排综合性工作方案》，该工作方案特别强调了"问责制"，即把节能减排的完成情况与领导干部的综合考核评价挂钩，实行问责制和"一票否决"制，对成绩突出的地区、单位和个人给予表彰奖励，对严重违反节能环保法律法规，未按要求淘汰落后产能、违规使用明令淘汰用能设备、虚标产品能效标识、减排设施未按要求运行等行为，公开通报或挂牌督办，限期整改，对有关责任人进行严肃处理。实行节能减排执法责任制，对行政不作为、执法不严等行为，严肃追究有关主管部门和执法机构负责人的责任。[②]

总体上看，经过 30 多年的发展，我国的节能减排立法工作对我国的气候变化、环境污染、资源和能源浪费等问题进行了详尽的分析，对相关监督管理工作进行了明确的规划，对相关经济行为进行了法律责任的界定，为我国推动节能减排工作提供了一定的制度保障。

二、企业节能减排法律责任的制度梳理

我国企业节能减排法律责任制度主要体现在以环境法律法规、标准和规范性文件为主体的法律体系中，基本形成了由政府监管制度、企业履责制度和公众参与制度等三方面组成的制度体系。

① 陶伦康，鄢本凤. 政府在节能减排中的生态责任研究 [M]. 北京：科学出版社,2016:89-93.
② 陶伦康，鄢本凤. 政府在节能减排中的生态责任研究 [M]. 北京：科学出版社,2016:95.

（一）《环境保护法》奠定严格监管基础

2015 年 1 月 1 日起施行的《中华人民共和国环境保护法（修正案）》，进一步明确环保地位，细化责任主体，增加法律责任。《环境保护法》明确了保护环境是国家的基本国策，要求通过加强环保宣传，提高公民环保意识；要求企事业单位对所造成的环境污染和生态破坏依法承担责任，明确环境监察机构的法律地位；完善区域限批、排污许可和环境公益诉讼等基本制度；增设查封、扣押和按日计罚等行政处罚措施，加大对环境违法行为的惩处力度。此外，新《环境保护法》对雾霾和大气污染的治理和应对、排污费和环境保护税的衔接等问题也作出明确规定。这些立法上的新规定和新突破增强了政府监管企业履行节能减排法律责任的力度。

《环境保护法》进一步加强了政府对环境保护的监督管理职责，强化了企业污染防治责任，加大了环境违法行为的法律制裁力度。对违规不改的污染主体，地方政府可以实施按日连续处罚，地方性法规可以根据环境保护的实际需要，增加按日连续处罚的违法行为的种类。情节严重者，可以责令停产、关闭。对于违法排放污染物造成或者可能造成严重污染的，县级以上人民政府环境保护部门和其他负有环境保护监督管理职责的部门，可以查封、扣押造成污染物排放的设施设备。另外，还有行政代执行，对拒不治污的排污企业，引入第三方治理，费用由排污企业承担。对于那些环境违法企业，采取综合调控手段，还增加了篡改、伪造监测数据，拒不执行环境影响评价等四种情况下的行政拘留。构成犯罪的，依法追究刑事责任等。这些措施对政府加强监管企业节能减排都将产生积极影响。

表 4-1　《环境保护法》中涉及节能减排的重点内容及其主要功能梳理 ①

章　节	重点内容	主要功能
第一章 总则	◆保护环境是国家的基本国策 ◆企事业单位对所造成的环境污染和生态破坏依法承担责任	明确法律 责任
第二章 监督 管理	◆监测机构及其负责人对监测数据的真实性和准确性负责	提升履责 能力
	◆国家采取财政、税收、价格、政府采购等方面的政策和措施,鼓励和支持环保设备、资源综合利用和环境服务等环保产业发展 ◆企事业单位等在污染物排放符合法定要求的基础上,进一步减少污染物排放的,政府应采取财政、税收等政策予以鼓励 ◆企事业单位等为改善环境转产、搬迁、关闭的,政府应予以支持	激发履责 动力
	◆企事业单位等违法排放污染物,造成或者可能造成严重污染的,县级以上政府环保部门和其他负有环保监督管理职责的部门,可以查封、扣押造成污染物排放的设施、设备 ◆国家实行环保目标责任制和考核评价制度	增强履责 压力
第三章 保护和 改善环境	◆国家在重点生态功能区、生态环境敏感区和脆弱区等区域划定生态保护红线,实行严格保护 ◆国家建立健全生态保护补偿制度,加大对生态保护地区的财政转移支付力度 ◆国家加强对大气、水、土壤等的保护,建立和完善相应的调查、监测、评估和修复制度	增强履责 压力
	◆国家机关和使用财政资金的其他组织应当优先采购和使用节能、节水、节材等有利于保护环境的产品、设备和设施	激发履责 动力
第四章 防治污染 和其他 公害	◆国家促进清洁生产和资源循环利用。企业应当优先使用清洁能源,采用资源利用率高、污染物排放量少的工艺、设备以及废弃物综合利用技术和污染物无害化处理技术,减少污染物的产生 ◆排放污染物的企事业单位,应建立环保责任制,明确单位负责人和相关人员的责任	提升履责 能力
	◆国家实行重点污染物排放总量控制制度 ◆国家实行排污许可管理制度 ◆国家对严重污染环境的工艺、设备和产品实行淘汰制度	增强履责 压力
	◆国家鼓励投保环境污染责任保险	提升履责 能力

---

① 陶伦康,鄢本凤.政府在节能减排中的生态责任研究[M].北京:科学出版社,2016:97.

章　节	重点内容	主要功能
第五章 信息公开 和公众 参与	◆公民、法人和其他组织依法享有获取环境信息、参与和监督环境保护的权利 ◆县级以上政府环保部门和其他负有环保监督管理职责的部门，应当将企事业单位和其他生产经营者的环境违法信息计入社会诚信档案，及时向社会公布违法者名单 ◆重点排污单位应如实向社会公开其主要污染物的名称、排放方式、排放浓度和总量、超标排放情况，以及防治污染设施的建设和运行情况，接受社会监督 ◆对污染环境、破坏生态等行为，符合条件的社会组织可以向人民法院提起诉讼	增强履责 压力
第六章 法律责任	◆企事业单位等违法排污受到罚款处罚并被责令改正，拒不改正的，行政机关可以自责令改正之日的次日起，按照原处罚数额按日连续处罚 ◆企事业单位超标排污的，县级以上政府环保部门可以责令其采取限制生产、停产整治等措施，情节严重的，报经有批准权的政府批准，责令停业、关闭 ◆重点排污单位不公开或者不如实公开环境信息的，由县级以上政府环保部门责令公开，处以罚款，并予以公告 ◆对未环评、违法排污、偷排等尚不构成犯罪的行为除处罚外，环保部门还可将案件移送公安机关，对直接负责人及其他责任人处十五日以下拘留 ◆违反本法规定，构成犯罪的，依法追究刑事责任	增强履责 压力

（二）市场化政策工具倒逼企业节能减排

党的十八届三中全会通过的《中共中央关于全面深化改革若干重大问题的决定》要求"用制度保护生态环境"，注重发挥市场在资源配置中的重要作用，倒逼企业"节能减排"。其对企业节能减排法律责任的相关规定，对完善企业节能减排法律责任制度具有重要的指导意义。

表4-2 《关于全面深化改革若干重大问题的决定》中涉及节能减排的制度梳理①

序 号	制度措施	核心内容或主要观点
五、深化财税体制改革 第（18）点	完善税收制度	★调整消费税征收范围、环节、税率，把高耗能、高污染产品纳入征收范围 ★加快资源税改革，推动环境保护费改税
十四、加快生态文明制度建设 第（51）点	健全自然资源产权制度和用途管制制度	★对自然生态空间进行统一确权登记，形成产权制度 ★建立空间规划体系，划定生产、生活和生态空间开发管制界限 ★健全能源、水、土地节约集约使用制度
十四、加快生态文明制度建设 第（52）点	划定生态保护红线	★建立资源环境承载能力监测预警机制 ★对环境容量超载区域实行限制性措施 ★对领导干部实行自然资源资产离任审计 ★建立生态环境损害责任终身追究制
十四、加快生态文明制度建设 第（53）点	实行资源有偿使用和生态补偿制度	★加快自然资源及其产品价格改革 ★坚持使用资源付费以及"谁污染谁付费" ★发展环保市场，推行节能量、碳排放权、排污权和水权交易制度 ★吸引社会资本，推行环境污染第三方治理
十四、加快生态文明制度建设 第（54）点	改革生态环境保护管理机制	★建立和完善严格监管所有污染物排放的环境保护管理制度 ★建立污染防治区域联动机制 ★及时公布环境信息，健全举报制度，加强社会监督 ★完善污染物排放许可制，实行企事业单位污染物排放总量控制制度 ★对造成生态环境损害的责任者严格实行赔偿制度，依法追究刑事责任

　　政府过多、过大的行政干预和深度介入微观经济活动，严重扭曲了政府与市场的关系，严重压抑了市场自发解决能源及环境问题的活力。与行政监管相比，市场激励能更好地促使企业灵活选择污染治理方案，也能更大程度地激励企业节约能源和减少污染。我国虽已尝试在节能减排领域进行诸如环境税、排污权交易、节能量交易等方面市场化手段的

① 陶伦康，鄢本凤.政府在节能减排中的生态责任研究[M].北京：科学出版社,2016:92.

探索，但是离真正市场机制还有很远距离，真正的市场机制应该是促使企业自主节约能源、自觉减少排放。

目前，我国在多个地方开展的排污交易试点基本上是在政府行政权力介入下开展的。严格地讲，这种交易不是基于市场的利益调整，而是变相的行政调控。排污收费制度应该可以说是能够真正推广应用的市场化工具，但是我国目前设计的排污收费制度在实施过程中还存在一些亟待解决的问题，需要尽快对其进行改革和完善。

健康成熟的市场环境是市场化工具规范、有效运行的基石。市场化工具的应用选择需要通过市场中介来传递信息，但由于我国目前信息市场发育程度不够，信息传递不够顺畅，使很多市场化工具缺乏良好的外部运行环境。另外，不少企业没有真正的成为市场经济主体，市场化工具往往对其无法形成有效的约束和激励。例如，生物质能发电企业患上了政府补贴依赖症，普遍寄望通过国家的政策补贴走出经营困境。

（三）公众参与制度逐渐发挥实质性作用

进入 21 世纪以来，政府监管制度的高成本、低效率以及市场激励制度的局限性促进节能减排新的政策工具的诞生。在公民社会迅速崛起以及信息技术飞速发展的背景下，公众参与工具获得了越来越多的关注和认同。这一工具在促进企业履行节能减排责任方面也具有独到的功能和效果。

2007 年，国务院发布了《中华人民共和国政府信息公开条例》。随后，原国家环保总局发布了《环境信息公开办法（试行）》（2008 年 5 月 1 日起施行）。环境信息公开法律法规的出台，确立了政府环境管理部门和企业的环境信息公开的主体地位，对环境信息公开的范围、方式和程序，以及环境信息公开的监督与责任等做了明确规定，对于保护公众的环境信息权，推动公众参与解决环境资源问题具有重要意义。

2014 年 4 月，经十二届全国人大常委会修订的《环境保护法》中专章规定"信息公开和公众参与"，对公众参与环境保护的渠道、方式和程序做了规定。主要内容有：明确公民、法人和其他组织依法享有"获取环境信息、参与和监督环境保护"的权利，政府环境保护主管部门和其他负有环境保护监督管理职责的部门，应当依法提供便利（第五十三条）；公民、法人和其他组织，有权向环境保护监督管理部门举报单位和个人的污染环境和破坏生态的行为，向地方各级人民政府和环境保护监督管理部门的上级机关或者监察机关，举报不依法履行职责行为。接受举报的机关应当对举报人的相关信息予以保密，保护其合法权益（第五十七条）；依法在设区的市级以上人民政府民政部门登记、专门从事环境保护公益活动连续五年以上且无违法记录的社会组织，对污染环境、破坏生态，损害社会公共利益的行为，可以向人民法院提起诉讼（第五十八条）。①

环保非政府组织在培育社会环保意识、引导公众参与环境保护、监督政府履行环保监管职能、推动企业履行节能减排法律责任等方面都起到积极作用。但与国外环保非政府组织相比，我国环保非政府组织还处于起步和发展阶段，开展工作的活动能力和社会影响力还明显不足。现行立法为环保非政府组织提起环境公益诉讼的条件设定过高，也在一定程度上影响了公众参与环境资源保护作用的发挥。

三、企业节能减排法律责任的制度缺陷

要求企业承担节能减排法律责任是经济社会发展的客观要求。企业在履行节能减排法律责任方面所呈现出的"无动力、无压力、无能力"等无力局面，有经济、文化、政治等多方面的原因，但我国企业节能减排法律责任制度缺陷是企业节能减排法律责任承担状况不尽如人意的重要制度原因。

---

① 陶伦康，鄢本凤．政府在节能减排中的生态责任研究 [M]．北京：科学出版社，2016:98.

（一）制度的权威性与惩罚性不够

企业履行节能减排法律责任的压力不足，重要原因之一在于节能减排法律制度的权威性和惩罚性不够。

当前，在节能减排领域，我国虽然已经颁布了《中华人民共和国节约能源法》《中华人民共和国环境保护法》《中华人民共和国可再生能源法》《中华人民共和国清洁生产促进法》《民用建筑节能条例》和《中央企业节能减排监督管理暂行办法》等一系列法律法规，但还没有形成完善的节能减排立法体系，致使企业履行节能减排方面的法律责任还存有很多漏洞。缺乏系统明确的、高层级的节能减排法律法规，这也在一定程度上导致企业履行节能减排法律责任意识淡薄，企业与政府讨价还价、无视政策规定等现象时有发生。政府下达的企业节能减排指标存在法律效力缺陷。为了提高能源资源利用效率，促进产业结构升级换代，实现经济社会的可持续发展，"十一五"期间，我国从中央到地方都制定了节能减排指标。但是这种指标存在一定的法律效力缺陷。节能减排约束性指标的直接责任主体是政府而不是企业。①

我国节能减排发展和管理要步入法治化轨道，首要条件必须具备完备的法律法规体系。而市场条件下比较完善的节能减排法律体系应该是以节能减排专门立法为统领，以节约能源法、煤炭法、电力法、循环经济法、环境保护法等为主干，行政法规与行政规章相配套，能够保障国家能源安全和节能减排可持续发展的完整的法律体系。配套规定是相关立法具有可操作性和执行力的保障，一些节能减排立法中确定的法律制度如果没有及时进行相关配套法规的制定，国家的节能减排立法就难以真正发挥作用。

企业履行节能减排法律责任不力的另一个重要原因是制度的惩罚性

---

① 李挚萍.节能减排指标的法律效力分析 [J].环境保护,2007(06B):30-33.

不够。我国现行与企业履行节能减排责任有关的法律责任制度尚不能对企业形成强有力的威慑。虽然《环境保护法》大大改变了这一立法现状，但法律执行的效果仍有待观察。

其一，违法企业的环境民事责任难以追究。目前，在环境立法中，环境民事责任的制度设计难以对污染者形成强有力的威慑。一方面，环境污染受害者的损害赔偿请求权受到地方保护主义的制约。要求污染者承担民事赔偿，可能会导致污染者破产，而污染者破产又会直接损害地方政府的经济收益（因为大多数污染企业是地方政府税收的主要来源）。另一方面，环境污染受害者通过正当司法程序获得足额损害赔偿的难度很大。无论从经济实力还是知识水平，受污染者与污染者相比，均属于弱势群体，更何况污染者还受地方政府保护，因此，环境污染受害者通过正当司法程序获得足额损害赔偿的难度可想而知。另外，在我国，污染受害者即便能够进入司法程序并胜诉，所获赔偿也仅是有关人身和财产方面直接损害的赔偿，而不包括社会公众环境利益的损害赔偿和对环境污染事件社会救助费以及生态恢复费的补偿。回顾我国近几年发生的重大环境事件的处理结果，往往是政府通过补偿方式来解决受污染者的民事赔偿问题，如我们前面提到的云南阳宗海污染事件。2010 年紫金矿业污染事件发生后，当地政府向社会公布，将按照每斤死鱼 6 元、每斤鱼苗 12 元的标准给渔民经济赔偿。

其二，违法企业的环境行政责任无震慑力。针对企业的环境违法行为，我国的环境行政执法大多采用罚款的方式进行行政处罚，极少采用吊销许可证、责令停产停业等资格罚和行为罚。作者在上海市环保局调研获取的数据，也印证了这一点。相对于违法所得，对企业的行政罚款数额较低。甚至在不少地方出现企业主动要求缴纳罚款的现象。现行《中华人民共和国水污染防治法》规定超标排污的按照"应缴纳排污费"的数额作为罚款基数得出罚款数额，但是，由于排污收费标准较低，即使采用最高的罚款倍率，对于一些月排污费只有几百块的中小企业，罚款也不过只有上千元的罚款。这不仅直接决定了一些中小企业的环境守法行为，也间接影响到一些大企业的环境守法态度。另外，由于有地方政府保护，环保部门对企业作出的责令整改等行政处罚也软弱无力。环境行政法律责任在社会生活中不能得到有效实现，是我国环境违法行为高发的重要原因之一。[①]

表 4-3　上海市环境违法企业行政处罚统计（2013—2015.5）

类别年份	违法企业数量	罚　款	吊销许可证	消除危害	责令停产停业
2013	1 123	986	2	106	29
2014	1 562	1 356	3	150	43
2015（1—5）	881	789	1	70	21

数据来源：上海市环保局。

其三，违法企业的环境刑事责任难以实现。我国环境行政处罚案件每年大约有 10 万起，然而，每年的环境刑事案件却寥寥无几。大量企业的环境犯罪行为游离于法律之外。即使自 2015 年修订的《环境保护法》实施以来，对环境违法企业重行政处罚、轻刑事处罚的局面仍然没有得到根本改变（具体见表 4-4 和 4-5）。忽视了环境刑罚手段的运用极其不利于企业节能减排法律责任的实现。我国刑法关于环境犯罪的规定仍然体现了传统刑法的立法目的和价值取向，强调对人身、财产权益的保护，而忽视了对于生态利益的保护。受这种立法价值的影响，刑法对企业环境污染行为的规制存在保护范围小、法网不严密的问题。[②]另外，环境侵害行为有其特殊性，在某些情况下，单一的排污行为或许不

---

① 刘志坚.环境行政法律责任实现论 [J].昆明理工大学学报（社会科学版）,2009,9(9):9-14.

② 闵宁莉.低碳经济背景下企业环境社会责任追究机制研究 [D].长沙：中南大学,2010:66-69.

足以对环境造成很大危害，但是众多的危害行为混同在一起就可能给环境造成无可挽回的损害后果。在这种情况下，如果仍然采用"无罪过即无犯罪"的传统刑法原则，环境损害就无人需要为其担责了。

表4-4 2015年1—2月份环保部查处环境案件统计

违法企业数量	按日连续处罚	查封、扣押案件	限产、停产案件	行政拘留	刑事立案案件
909	26	527	207	147	2

数据来源：中国环保部。

表4-5 2015年1—5月份云南省查处环境案件统计

违法企业数量	按日连续处罚	查封、扣押案件	限产、停产案件	行政拘留	刑事立案案件
21	1	5	9	4	2

数据来源：云南省环保厅。

（二）制度的激励性与引导性不足

有效的激励和正确的引导可以激发企业节能减排的动力。节能减排政府管制手段过于依赖命令控制模式，缺乏有效的激励引导机制，使企业陷入"上有政策，下有对策"的行为怪圈。长期以来，我国环境法治基本上等同于行政管制，企业节能减排法律责任规范也是强制性有余、激励性不足。现有相关法律虽规定了一些激励措施，有些立法甚至专章规定奖励性手段，希望以此激励企业采取有利于节能减排的行为，但尚未形成有效激励与引导机制。

1.激励措施没有形成合力，联动性不足。尽管节能减排相关立法规定了税收优惠、财政补贴、政府采购等激励性措施，但这些措施主要依靠行政手段实施，而且各项措施之间彼此孤立，没有形成合力，缺乏有效联动。例如，国家建立企业排污收费制度，但排污收费返还降低了这一制度的激励效果，而且缺乏对企业其他环境友好行为在税收方面的激励。现行的节能减排法律仍有计划经济色彩，过分倚重行政管制，未能发挥市场机制在节能减排中的基础性作用以及激励机制的功能。①

2. 激励措施立法层级较低，权威性不强。法律中有关节能减排的激励性条款常常是"具体办法由……制定"，而具体办法大多立法层级较低，权威性不强。节能减排激励性措施的立法层级低，导致措施不能起到有力遏制能源浪费和污染排放的作用。例如，国家颁布了《关于落实环境保护政策法规防范信贷风险的意见》和《绿色信贷指引》，但是这些意见或指引的执行范围和力度有限，不能产生很好的信贷激励效应。

3. 激励性措施立法过于原则，实效性不足。现行与节能减排有关的法律政策大多是一些原则性、政策性的陈述，缺乏具体的执行内容，对我国企业节能减排行为不能产生很好的激励和引导作用。例如，《中华人民共和国大气污染防治法》规定："国家鼓励和支持大气污染防治科学技术研究"；《中华人民共和国水污染防治法》规定："国家鼓励、支持水污染防治的科学技术研究和先进适用技术的推广应用"。而且，企业节能减排研究项目资助和节能减排奖项设置涵盖面较窄，企业参与的积极性有限。

在企业生产经营过程中，除了通过立法规制和制度激励促进企业履行节能减排法律责任外，政府还可以通过制度引导企业自觉履行节能减排法律责任。但是，目前我国政府在引导企业履行节能减排法律责任方面也存在很多制度缺陷。例如，政府可以通过节能减排信息收集、分析、交流等为企业提供实时的、权威的、实用的节能减排信息，引导企业采取积极有效的节能减排行为。但是目前的节能减排信息采集和传播制度存在缺陷，导致其引导性不强。首先，未能及时从技术合理、成

---

① 张绍鸿,曾凡银,尤建新.建立健全节能减排法律法规体系[J].科技与法律,2010(4):19-24.

本有效等方面对一些节能减排效果好的技术和措施进行总结与传播。目前市场上的节能减排信息大多属于技术信息，缺乏对技术成本效益的分析，难以吸引企业管理和决策人员的注意，导致节能减排技术的实践效果难以体现出来。其次，节能减排信息传播渠道不畅通。即使有企业管理人员对一些节能减排技术或措施感兴趣，但往往难以获得可靠的信息，或恰当挑选合格的节能减排服务机构。最后，节能减排信息传播机构不健全。不少机构的信息传播行为和传播方式给人以推销技术或产品的感觉，导致市场主体对获取的节能减排信息缺乏信任。

政府对节能减排行为的管制应定位于为企业节能减排提供一个平等竞争的市场环境，让市场主体在政府规制下积极主动地实施节能减排，企业节能减排效益可以作为一种资源在市场主体之间进行公平交易和优化配置。也就是说，政府的规制应该能够为企业节能减排市场的建立和运转提供制度保障。例如，节能减排效益的产权界定、产权交易与保护等。修订后的《中华人民共和国节约能源法》在原有基础上对我国能源管理提出了新思路，鼓励用能单位使用节能自愿协议等新型能源管理模式，但是仍旧缺乏对节能自愿协议制度的具体规定。

（三）制度的针对性与实效性不强

在要求企业履行节能减排法律责任的过程中，国家制定了包括财政、税收、金融等诸多方面的制度措施，不少地方曾采取"冲刺措施"，开展诸如"拉闸限电"式的短期冲刺。为节能减排制定短期目标很有必要，但是节能减排并不是一时的需要，不能为节能减排而节能减排。为促进企业履行节能减排责任，相关制度设计应针对企业在节能减排中的环境信息收集、环境影响管控、环境技术创新等方面的能力提升。我国政府在节能减排政策的制定上由于忙于应对短期的节能减排目标，忽视了政策的系统性和战略性，不利于提升节能减排的实施效果。①我国企业承担节能减排法律责任制度设计的针对性与实效性不强主要表现在：

1.法律对企业设立时的节能减排义务规定不明晰

企业承担节能减排法律责任的前提是企业有明确的节能减排法律义务，但是我国现行立法并未明确企业节能减排的市场准入准则。一些企业在设立时受到当地政府环境保护低门槛的"承诺"，忽略了生产经营过程中需要承担的节能减排法律义务，以致在后来的企业生产过程中难以履行节能减排的法律责任。

根据《中华人民共和国公司法》，公司设立的条件包括主体、财产、组织、经营条件等多方面内容，但是环境准入的基本条件未被提及。环境准入作为公司进入市场的第一道绿色门槛没有发挥其环境守法防护墙的作用。《环境保护法》在第二、三、四、五章分别规定了"监督管理""保护和改善环境""防治污染和其他公害""信息公开和公众参与"等内容，但是也没有环境准入的内容。在监督管理方面，环境法针对企业环境行为，主要是从建设项目是否影响环境的角度规定了环境影响评价和"三同时"制度。作为环境保护领域的"基本法"，《环境保护法》对企业设立行为却没有设定节能减排等方面的市场准入准则。

尽管我国当前在节能减排领域已经颁布了一系列法律法规，但企业在节能减排方面的法律义务还存在很多漏洞，一些节能减排立法中确定的法律制度也没有及时制定相关的配套法规，导致这些立法的可操作性和执行力大打折扣。例如，《中华人民共和国节约能源法》对高耗能设备(产品)淘汰制度、能源效率标准制度、能源审计和信息披露制度等做了原则性规定，但是，由于缺乏相应的配套法规，这些制度在实际节能减排工作中很难发挥有力的作用。

---

① 张国兴,高秀林,汪应洛,等.中国节能减排政策的测量、协同与演变——基于1978—2013年政策数据的研究[J].中国人口·资源与环境,2014,24(12):62-73.

2.企业节能减排税收制度存在完善空间

节能减排税收制度的有效实施，有助于解决我国企业节能减排领域的两大问题，即投资资金不足和监管力度不够等问题。对排污征税，通过控制税率的方式，可征集到足够额度的资金用于减排投资；同时，通过税收的手段，可提升相关款项的征收效率和执法力度，对钢铁、水泥、平板玻璃等产能严重过剩行业的盈利产生不同程度的影响，可以引导企业转型升级。但是，截至目前，我国一些与环境保护有关的绿色税种，如资源税、消费税等还存在一些亟待改革和完善的地方。

3.污染源自动监控制度形同虚设

法律制度的价值在于其实效性。为监督企业污染物排放，国家设定了污染源自动监控制度。《污染源自动监控管理办法》第三条规定，自动监控设备是企业污染防治设施的组成部分，而非环保部门的监测设备；第四条规定，自动监控获取的数据作为环境保护部门进行排污申报核定、排污许可证发放、总量控制、环境统计、排污费征收和现场环境执法等环境监督管理的依据，即在线监测数据作为环境监管部门对企业行政许可、污染控制、收费、行政处罚的依据。从企业理性角度看，污染源自动监控设备是企业自己套在身上的枷锁，污染物自动监控设备主体和定位模糊严重影响了企业自动监控数据准确和数据合法性。[1]课题组在对一些企业的调查走访中发现，不少企业为了规避超标行为行政处罚，在显示器上动手脚，让数据在一定范围内波动，使监控设备的监测功能处于失效状态。更为令人忧心的是，这种现象非常普遍，基本上是违法企业之间公开的秘密。

4.企业环境信息公开制度实效性低

我国企业环境信息公开实效性低。绿色和平组织公布的调查结果显示，世界500强和中国上市公司100强中的18家企业在华下属的25家

---

① 张丽娟,赵惊涛.我国智能化环境执法存在的问题及对策[J].环境保护,2014,42(23):64-65.

工厂都曾经在污染物排放方面超标或超过总量控制指标。依据规定，这些"双超"企业应在30天内公开其环境信息，然而绝大多数被点名的企业并没有在规定时限内公布相关的污染物排放信息。[①]在企业环境信息公开的受众定位上，政府成为企业环境信息公开的主要受众，甚至是唯一受众。企业环境信息公开大部分单纯以满足政府的环境管理要求为目的，环境评价机构、环境非政府组织以及普通民众基本不能够获得企业全面的环境信息。课题组在调查中发现一个普遍存在的现象，就是企业在环境信息公开内容上"报喜远多于报忧"。大部分企业的环境信息公开倾向于选择正面的环境业绩，如企业的环保达标信息、企业的服务或产品所获得的相关部门认证等，而隐藏环境违规等不利于企业形象的负面信息。[②]一些与公众切身利益密切相关的环境信息，如企业排放污染物种类以及污染物对周围环境可能造成的环境影响等风险信息均极少公开。表4-6和4-7是课题组获取的湖北省和云南省环境管理部门公布的数据，单纯从数据本身来看，形势很喜人，但，其是否是企业上报的真实数据值得怀疑。企业的环境信息的真实数据通过一般的走访调研根本无法获取，在发达国家都是必须要公开的环境信息数据，在我国却均属于企业不愿公开的秘密。

表4-6　湖北省2011—2014年国控重点污染源监督性监测年报

类　别	2011		2012		2013		2014	
	数　量	达标率	数　量	达标率	数　量	达标率	数　量	达标率
废水污染源	236	96%	264	93.5%	224	93.5%	182	91.9%

①　孙钰.打破企业环境信息公开的"禁忌"[J].环境保护,2009(20):57.
②　田翠香,刘祥玉,余雯.论我国企业环境信息披露制度的完善[J].北方工业大学学报,2009,21(2):11-16.

续 表

类 别	2011		2012		2013		2014	
	数 量	达标率	数 量	达标率	数 量	达标率	数 量	达标率
废气污染源	145	87%	123	86.9%	123	88.9%	118	86.9%
污水处理厂	101	93%	111	88.6%	124	90.5%	128	85.4%

数据来源：湖北省环保厅。

表 4-7　云南省 2012—2014 年国控重点污染源监督性监测超标情况

年 份	国控重点企业数量	超标企业数量	占 比
2012	668	83	12.43%
2013	683	82	12.01%
2014	644	55	8.54%

数据来源：云南省环保厅。

总之，在我国环境法治建设迅猛发展的同时，企业节能减排所要实现的效果并不能令人满意，节能减排立法的目的没有完全实现，节能减排法治的效用性失灵，出现了节能减排立法不断增多但环境形势依然严峻的局面。

第五章　企业节能减排法律责任的制度完善

在经济转型和政府职能转变的大背景下，针对企业在履行节能减排法律责任方面履责能力参差不齐、总体履责情况不尽如人意的客观现实，我国要解决企业在履行节能减排法律责任方面存在的"三无力"履责难题，亟须健全完善企业节能减排责任的法律体系，构建良好的制度环境，以激励、帮助和监督企业履行节能减排法律责任。

一、强化制度的权威性与惩罚性，增强企业履责压力

要求企业在节能减排中履行法律责任，其前提是这种法律责任具体明确、体系合理，并且责任的履行能够得到有力监督，否则企业便不知道究竟履行什么样的法律责任，也没有压力去履行责任。

（一）制定《节能减排条例》，明确企业预期责任

从责任的时间维度上看，增强企业的履责压力，不仅要加重过去责任，更要强调预期责任。"预期责任"是一种事前预防性质的责任。也就是，企业在生产经营伊始就应该积极采取节约能源资源和减少污染物排放的措施，主动承担节能减排义务，减轻对环境的负面影响。"过去

责任"是企业在节能减排方面没有采取积极行动或者采取积极行动造成不利后果而招致的惩罚。

节能减排既包括节约能源资源，又包括主要污染物减排，牵涉到能源资源法和环境保护法等不同领域。节能减排立法如果法律框架不合理、立法体系不健全，则不仅具体法律制度在执行过程中达不到预期目的，甚至还会出现节能立法与减排立法之间的相互抵触，导致企业履行节能减排法律责任的无所适从。

党的十八届四中全会确定了"深入推进依法行政，加快建设法治政府"的改革目标。然而，就节能减排而言，我国相关法治建设与西方国家还存在不小差距。西方国家比较重视节能减排的法律体系建设，大多已经形成了以资源环境基本法为基础、以能源利用和环境保护单行法为主干、以节能减排专项法为保障、以配套法规或政策为支撑的比较完备的法律体系。

节能减排法律体系应当是以可持续发展为理念指导，以节约能量资源法律、节约物质资源法律、清洁能源法律和污染防治法律四个子体系为组成部分，各个子体系又以一个基本法律为统领，以专项法律为主干，以及相关法律为辅助，以行政法规和行政规章相配套，结构严谨、内容和谐、形式统一的法律体系。在四个子体系下，应完善基本法律，填补专门法空白，提升现有法规层级，制定配套法规。

目前，我国尚无行政法规层级的节能减排立法，相关法规政策也存在立法目的不统一、执行效率低等问题，建议国务院加紧研究制定《节能减排条例》。《节能减排条例》能够较好地在节能减排方面与环境保护法、节约能源法、大气污染防治法等法律进行协调和衔接。一方面可以明确和强化企业节能减排法律义务，培育企业"预期责任"意识，把企业节能减排明确为企业的一种法律义务和责任落实下去，提升部门和工作人员的节能减排责任意识，促使企业积极承担节能减排的法律责任。

另一方面可以推动相关法律法规和标准的健全完善，加重企业"过去责任"。《节能减排条例》可以较好地明确节能减排工作体制机制，落实政策措施，健全标准体系，整合资金资源，完善责任追究制度。例如，在行政责任方面，可以从严惩处节能减排违法行为，对行政违法行为和处罚措施做出具体详细安排。

（二）完善节能减排标准，规范企业行为责任

从责任的性质维度上看，增强企业的履责压力，不仅要严格追究企业在节能减排中的结果责任，更应该明确企业在节能减排中的行为责任。结果责任是从行为人的行为所致的客观效果和事实状态进行的考察，行为人只需要对自己行为所导致的某种损害后果负责，而行为责任是行为人对应当受到谴责的行为承担的责任。[①]

目前，企业节能减排工作主要是围绕节能减排指标展开的。"十一五"规划明确将节能减排指标纳入约束性指标，明确提出约束性指标"具有法律效力"。但是，这种效力是有缺陷的。节能减排指标的法律效力缺陷表现在"缺乏宪法依据、法律效力不固定、法律效力不及企业"等。[②]事实上，节能减排指标是政府提出的一项企业需要实现的政策目标。保障节能减排目标实现的手段仍然是以政策为主。"十一五"规划宣称其具有"法律效力"，但迥异于真正意义上的法律上的效力，以致于实践中出现指标执行情况反弹或者地方政府与中央政府讨价还价的现象。因此，即便企业没有完成节能减排指标，也很难据此节能减排结果追究企业的法律责任，更难以依据侵权责任法追究企业的民事侵权责任，但企业没有履行节能减排义务的行为却实实在在地产生了环境污染或生态损害，有悖于资源社会性和环境公共性的法理要求。

① 刘超.论环境标准制度的环境侵权救济功能[J].华侨大学学报（哲学社会科学版），2014(3):107-115.
② 李挚萍.节能减排指标的法律效力分析[J].环境保护,2007(12):30-33.

节能减排指标要具有权威性，进而对企业产生法律效力和形成履责压力，这种指标就需要以具有法律效力的形式和程序来确定和评价。在我国，污染物排放标准是以强制性标准为主的，这种标准一经制定并通过，就对企业具有强制执行的法律效力。原环境保护部颁布的《国家环境保护标准制修订工作管理办法》确立了环境标准的制定、修改程序和要求，这一举措有利于标准的定期和及时修订。因此，以节能减排标准的形式确立下来的节能减排指标就转化为企业的法定义务。

完善的节能减排标准可以为企业节能减排行为责任的认定提供科学的、可操作的判断标准和认定依据。目前，我国发布了粗钢、水泥、焦炭、轮胎、铜冶炼等几十项强制性的单位产品能源消耗限额标准。这些标准对淘汰落后产能、促进企业节能减排都产生了积极作用，但是大部分能耗标准值偏低，已不能满足行业实现绿色发展的需求。在工业行业里，我国已形成了近 30 个清洁生产评价指标体系，但是，这些评价指标体系大部分是根据 10 年前的行业水平制定的。标准的滞后和缺失将严重制约节能减排工作的深入推进，影响企业节能减排法律责任的切实有效履行。故此，本研究建议：应加快制定一套包括单位产品能耗限额标准、终端用能产品标准、节能减排配套标准和节能服务标准在内的科学规范并具有可操作性的企业节能减排标准认定体系。

（三）健全行政问责制度，落实企业主体责任

从责任的主体维度上看，节能减排，人人有责，但是发挥主体作用的是企业。在市场经济条件下，企业以追求利润最大化为直接目的，在缺乏有效监管的情形下，企业的节能减排履责压力是严重缺失的。现行的法律对企业只注重经济处罚，达不到警示的效果。监督和问责制度不完善，企业履行节能减排法律责任便成了空话。

目前一些地方政府领导干部和政府任命的企业领导干部对节能减排工作的紧迫性和重要性认识不到位。节能减排的措施不配套、投入不落

实、监管不得力等问题仍然十分突出。虽然《主要污染物总量减排考核办法》《单位GDP能耗考核体系实施方案》等法规文件都将节能减排指标完成情况作为政府领导干部综合考核评价的重要内容，并依照中共中央组织部颁发的《体现科学发展观要求的地方党政领导班子和领导干部综合考核评价试行办法》实行问责制和"一票否决"。但是，节能减排问责制在实施过程中存在一些明显不足：

其一，被问责的责任主体存在缺漏。从现有节能减排问责制度安排来看，被问责的主体主要是省级以下政府部门及其领导干部，中央政府各部门及其领导干部被排除在外，但是，宏观调控权大多集中在中央政府部门，如国家发改委、中国人民银行、生态环境部等享有一定的宏观调控或决策管理职能。这些部门的宏观调控或者行政管理权对节能减排在事实上具有重大影响，地方大型高耗能、高污染项目的兴建既有地方利益的驱动，也与中央宏观调控和行政管理权的非良性运行不无关系。按照权责利相统一的原则，应该加强对中央政府部门及其领导干部的行政问责力度。其二，实施节能减排问责的主体仅限于党政系统内部，难以避免共同的利益纠葛。[①] 上级政府部门对下级政府部门，上级组织部门对下级党委及其成员的问责，在利益纠葛下，往往采取"大事化小，小事化了"的问责策略，最终使得问责制流于形式。没有社会公众广泛参与的行政问责制度缺乏公开性和权威性，对企业的节能减排行为也难以产生足够的履责压力。

针对节能减排问责制度的上述不足，我们可以明确中央政府部门的节能减排责任，大力培育绿色社会团体，发挥社会团体在节能减排问责中的功能。

首先，整改和完善监管机构，加快建设责任主体明确、权责利一致

---

① 邓成明.节能减排问责制的软法进路分析及其完善[J].暨南学报（哲学社会科学版),2013,35(6):71-80.

的监管机构。我们可以在现有的法律框架内，完善从中央到基层实施节能减排工作的执行机构和管理机构，明晰节能减排管理主体的地位、权利和义务，进而在明确各自职能的基础上理顺各主体之间的关系，通过法律的形式组建并巩固科学合理的节能减排工作管理体制。[①]

其次，法律上要进一步为非政府组织和新闻媒体发展保驾护航，赋予其一定权利，明确其义务，给予其相应的支持。我国非政府组织的整体发展还处于初级阶段，在推动我国企业节能减排工作中的作用还有待加强。新闻媒体作用的充分发挥不仅能够很好地对企业节能减排起到监督作用，也能使那些积极承担节能减排责任的企业借助媒体的力量提升自己的社会形象，从而推动企业更积极地承担节能减排责任。因此，国家公告各级人民政府节能减排目标责任评价考核和各地区主要污染物减排核查核算结果，并在主流媒体上发布《各地区节能目标完成情况晴雨表》，接受社会监督，可以形成公众、媒体、环保组织共同参与，政府与人民共同监管的协同促进企业节能减排的局面。

二、完善制度的激励性与引导性，激发企业履责动力

节能减排是经济问题。经济问题还必须主要依靠经济手段来解决。鉴于企业在市场经济背景下履行节能减排法律责任的动力不足，政府应该运用经济和政策杠杆，从投资、信贷、税收、市场准入、政府采购等方面入手，制定激励性制度和政策措施，营造企业履行节能减排法律责任的良好市场环境。

（一）构建信息化节能减排市场

近年来，充分发挥市场机制的作用促进企业节能减排，已成共识。通常来说，一个市场健康、正常运行的必要要素应该包括市场交易的主体、商品、场所、商品价格形成的机制以及其他保障市场交易能够正常

[①] 李汶. 我国节能减排政策法律完善研究 [D]. 杨凌：西北农林科技大学, 2010: 61-63.

进行的法律制度。① 如果按照市场化的思路，把节能减排的相关内容看作可以供市场交易的商品的话，构建以节能减排相关内容为交易对象的市场框架可以按照与构建一般市场相同的思路进行。

在市场经济体制下，企业需要最新、最有效的市场信息，市场信息是企业决策的重要依据。建立健全节能减排市场信息机制，方便企业获取有关产品、价格、技术、人才、政策等方面的有效市场信息，为企业研判市场机遇、合理规避风险、适时调整生产策略等提供指导和参考，对增强企业实力、开展节能减排工作具有积极的作用。

构建信息化节能减排市场，离不开完备的信息支持服务系统。为激发企业履行节能减排法律责任的内在动力，各级政府和相关职能部门应当务实搭建节能减排信息支持服务系统。

首先，建立一个节能减排信息共享数据库。节能减排信息对于企业生产经营和政府环境管理都是至关重要的。实践中，信息获取难度大、获取的信息可信度低等问题不仅导致相关政策执行效率低，加大了国家环境管理成本，而且直接影响企业的决策和节能减排工作的开展。由政府部门出面或支持有关组织搭建一个权威的信息共享数据库，规范信息的收集、整理和发布，可以大大降低信息收集成本，提高信息准确性和利用效率，推动形成市场化节能减排机制。

其次，完善节能减排信息披露机制。根据发达国家实施信息披露机制的经验，产品信息披露，如美国"能源之星"计划和东京的节能标签制度，可以促使消费者或生产者对产品的能源价格更为敏感，进而促进企业加强环境保护和提高能源效率。节能减排信息披露机制通过及时向社会发布有关节能减排的政策、管理和技术等方面的信息，可以帮助企

---

① 戴胜利，褚义景.我国促进节能减排的市场体系构建[J].武汉理工大学学报，2010, 32(4):
121-125.

业及时掌握国内外节能减排最新技术信息和发展动态，同时有利于政府更好地制定宏观调控政策，健全市场导向的环境政策工具。

最后，实现信息管理服务制度化。为了保证节能减排信息体系中各类信息的真实、全面、格式统一和及时更新，我国需要规范信息采集、整理和发布的权利和义务，明确政府在实现节能减排信息共享中的职责，确定信息更新和维护的责任人，实现信息公开共享制度化。节能减排信息管理服务制度化，有助于形成节能减排信息分析体系，并使得这些分析有利于指导企业节能减排市场决策和政府节能减排行政管理，也能保障公众知情权，形成全社会合力促进企业节能减排的良好环境。

（二）运用市场化节能减排工具

目前出台的节能减排的政策、法规、制度、措施大多是政府宏观调控措施，而非市场化手段。非市场化的政府宏观调控措施在运行的过程中呈现出了效率低下、协调困难、资源浪费等特点，建立更加有效的市场化手段调控节能减排问题已经非常紧迫。目前，节能减排产权交易和节能减排自愿协议是值得认真完善并积极运用的市场化节能减排工具。

1.节能减排自愿协议

节能减排自愿协议是指由企业与政府自愿参与、共同制定的旨在为实现节能减排目标而达成的协议。它是企业与政府在双方共同协商的协议内履行各自义务、实现共同目标的一种新型制度。经过修订后的《节约能源法》首次提及鼓励耗能单位积极使用节能减排自愿协议这一新型的管理合作机制。节能减排自愿协议是一种以企业作为节能减排主体，政府政策扶持，促进节能减排的新思路。节能减排自愿协议是一种行政合同，具有自愿合意性。与一般的行政合同不同之处在于，行政主体要更多地考虑企业采取节能减排行为的成本收益，只有充分考虑企业节能减排行为的利益损益，才能提出对企业有吸引力的优惠条件，以引导企业参与自愿协议的签订和实施；企业则以自愿承担更多的节能减排义务为对价。

由于经济、制度、观念等原因，自愿协议制度的实施还面临着不小的阻力和障碍。

第一，制度障碍。自愿协议制度除了需要一定的资金、技术支持，还离不开制度保障。现阶段，我国的环境法律制度还不够成熟完善，排污权交易等还处于探索阶段，现阶段实行的排污收费制度也不具有极大的威慑力等，制约着我国节能减排自愿协议的推行。企业之所以愿意参与节能减排自愿协议，是希望获得宽松的经济发展环境。如果相关节能减排管理法律制度不健全，企业发展环境已然很宽松，那就没有意愿参与节能减排自愿协议了。

第二，观念障碍。政府习惯于那种"管理与被管理"的政企关系，政府不能够和企业建立真正的伙伴关系，习惯于依靠行政权力要求企业完成政府下达的相关指标。在节能减排方面，政府强制分解指标常使企业产生抵触情绪。现阶段，发展经济仍然是摆在社会各界面前的紧迫问题，良好的节能减排社会氛围还没有真正形成，节能减排对企业还没有形成足够的外部压力，企业对自身节能减排法律责任认识也不到位，普遍缺乏通过参与节能减排自愿协议来提高企业社会形象的积极性。

第三，技术信息等其他障碍。我国的环境保护事业起步较晚，相关法律法规也不完善，使国家的政策、外国的先进经验、相关标准、先进技术等，在我国难以向大众推广，再加之企业法律意识、环保意识淡薄，只考虑生产的发展，不注重环境保护，使企业很难在节能减排上加大资金投入，国家的标准、政策由于宣传的力度不够，使得相关信息传达不通畅，从而影响了节能减排自愿协议的推广。

为了更好地发挥节能减排自愿协议作为一项政策措施的潜力，我们应由下面几个方面进行改善与提升：

第一，将节能减排自愿协议与其他经济法律制度相结合。节能减排自愿协议既是一种独立的环境制度，也是一种融合其他如排污收费、排放标准等制度的措施。为了提高企业的节能减排效益和公共机构的环境行政效益，把节能减排自愿协议作为一种综合性法律制度加以采用有其积极作用。从国外节能减排自愿协议制度实施的情况来看，环境经济政策或经济法律制度对企业是否参与自愿协议具有显著影响：一方面，经济政策或制度的利益激励作用可以吸引更多企业加入该类自愿协议；另一方面，制度性的经济激励措施为加入协议的企业进行节能减排的技术的引进和设备的更新提供经济支持。而在我国，环境经济制度还很不健全。一直以来，企业在生产经营过程中支付的环境或生态补偿费用比较少，甚至在无偿利用环境或生态资源，企业生产所消耗的环境成本还没有或很少被计入企业生产成本中。

因此，我们应根据国际经验和我国的实际情况，尽快建立健全排污权、生态补偿等经济法律制度，使节能减排自愿协议与其他经济法律制度协调配合。

第二，明确违约责任，增强节能减排自愿协议的法律约束力。欧洲委员会建议各成员国尽可能地采用具有约束力的合同。其他国家和地区也采取各种方式增强其合同的约束力，如增加合同里面的制裁条款，或者明确当合同未能履行时政府将采取更为严厉的处罚措施等。对到期不能完成自愿协议约定节能减排目标的企业，发改委、生态环境局等相关部门要视实际情况采取处罚措施。处罚措施应该作为节能减排自愿协议中的重要内容之一，是对签约各方的约束性条件。借鉴国外实践经验，节能减排自愿协议应该针对各方可能出现的违约情况，在平等互利的原则下，自愿设定政治、经济等方面的相关处罚约定，以增强协议的法律约束力。

第三，增加透明度和公众参与。由于节能减排自愿协议是一种公共政策性合同，影响公共利益，所以它应该同其他政策措施一样进行一定程度的公开，允许公众参与谈判过程，并将谈判结果公布，允许公众对合同进行评论并提出不同意见。建立自愿协议实施情况的信息披露和举报制度，鼓励公众和媒体对节能减排自愿协议履行过程中的违约或违规现象进行举报，发挥公众和媒体的监督作用，促进签约各方保质保量地完成自愿节能减排协议中约定的相关义务。

第四，建立合同评估制度。节能减排自愿协议实施效果的评估需要一定的科技支撑和制度保障，建立合同评估制度可以保障评估机构对自愿协议项目进行科学评估，以明确协议的实施情况。具体而言，这种合同评估制度可以从行政成本、环境效率、经济效益等方面，对自愿协议的内容和实施情况进行评估。项目实施前，评估机构对企业承诺的节能减排目标的合理性、可行性进行评估，并根据实际情况对最初设定的节能减排目标值进行适当调整；项目实施后，评估机构对企业自愿协议实施效果进行评估，依法进行企业能源审计、清洁生产审计，完成最终的评估报告。[①]

2.节能减排产权交易制度

无论怎样定义节能减排，获取利益仍然是企业采取节能减排行为的动力之源和目标归宿。节能减排作为一种利益博弈，其目标是为了让企业的节能减排行为有效且能够公平分配，也就是说，让节能减排成为企业可以盈利的一种投资机会。如果节能或减排行为能为企业带来利润，它就能成为投资者比较机会成本的必然选项。[②]商业化与市场化是节能减排运动持续和有竞争力的方向。

---

① 罗晓萌.节能自愿协议法律研究[D].桂林：广西师范大学,2008:135.

② 肖国兴.论中国节能减排的法律路径[J].郑州大学学报（哲学社会科学版）,2010,43(6):55-60.

节能与减排在时间上继起、空间上并存的经济性决定了节能减排制度的设计与安排也必须协调统一。从入口节能到出口减排，节能减排只有在入口与出口都有效率时才能达到理想的绩效。节能有能耗权交易，减排有碳排放权交易，而节能减排知识产权交易对二者交易的实现具有决定意义，节能减排产权交易贯通节能减排的全过程和全领域。因此，构建节能减排产权结构与交易市场，需要以节能减排技术及其知识产权交易为导向，以政府服务与监管为保障，以能耗权、排污权、相关知识产权等交易为载体，节能减排才能形成集动力、压力与潜力于一体的激励型交易结构。

　　中国节能减排制度创新的出路在于安排节能减排产权及其交易制度，形成节能减排市场，为企业提供收益大于成本的回报机会，让产权交易在牟取经济利益的同时将节能减排的潜力发挥到极致，成为节能减排制度的出发点。

　　能耗权交易是企业节能减排的重要驱动力。如果节能是以较少的能源消费获得更大的能源价值产出，则减排就是以较小的污染获得更大的能源价值产出，二者都以能源价值的充分实现为标的。因此，节能减排的核心是能源效率革命。能耗权交易能够激励企业主动节能，进而实现节能减排的社会目标。要让企业通过主动节能所形成的能源剩余量可以被计量，能源需求量的消减量和能源需求不确定性的消减量都可以买卖。要使能耗交易做到自觉性、常态化，就必须有制度的约束和相应的行业标准。在能耗需求上，要考虑不同消费人群的需求，了解市场，使能耗产品产生相应的经济价值，而一些能源消耗较大的产业，怎样使其利益最大化，产生剩余价值，则是现在企业应该积极创新的发展路子。在供给关系中，能耗产出比例的控制，就需要能耗交易制度的完善来改变其能源效率与价值。

排污权交易促进企业内化排放。在当今市场经济体制下，企业的最终目的都是为了追求利益最大化，而企业把自己多余的排污权进行交易，就会使企业产生积极效应，主动控制排放量，这其实是一种通过经济手段进行激励作用的好方法。我国自 2007 年起，在部分省份开展排污权试点工作，取得了一定的成效。当前，气候变化在逐步加剧，而二氧化碳的产生则是罪魁祸首，低碳生活已经成为时代的主题，而碳的排放可交易，那么无疑其排放权就会产生经济价值。

（三）推行差异化节能减排政策

节能减排目标的实现需要政府和企业的共同努力，企业节能减排法律责任的履行离不开政府的有力支持和推动。政府可以运用经济政策，从投资、信贷、税收、土地、市场准入、政府采购等方面制定一系列激励措施，营造企业履行节能减排法律责任的良好履责环境。

1. 财政政策方面。《节约能源法》规定，中央财政和省级地方财政安排节能专项资金，支持节能技术研究开发、节能技术和产品的示范和推广、重点节能工程的实施、节能宣传培训、信息服务和表彰奖励等。"十一五"期间，我国中央财政先后投入 2 000 亿元，带动 2 万亿社会投资，用于节能技术改造财政奖励、淘汰落后转移支付、"节能惠民"工程以及节能服务业发展等，取得了良好的节能效益。①

2. 税收政策方面。税收政策的影响可以从需求和供给两方面发挥促进节能减排的作用。从需求角度讲，税收通过作用于价格会对能源的需求量以及消费量产生明显的影响。通过调整资源税，提高资源能源价格，可以推动企业进行节能技术改造，减少能源消耗量。从供给角度讲，政府可以通过加速折旧、所得税税收抵免优惠政策，鼓励企业对节

---

① 中国电子信息产业发展研究院 .2013—2014 年中国工业节能减排发展蓝皮书 [M]. 北京：人民出版社,2014:47.

能项目投资，实现节能减排。另外，税收政策可以通过增值税、进出口退税等调整产业发展，促进企业节能减排。

3. 价格政策方面。《节约能源法》规定，国家实行有利于节能的价格政策，引导用能单位和个人节能。我国节能减排价格政策主要是电力能源价格政策，主要政策包括峰谷分时电价、季节性电价、可中断负荷电价制度以及对钢铁、有色金属、建材和其他主要高耗能行业实行差别电价。

4. 金融政策方面。《节约能源法》规定，国家引导社会有关方面加大对节能项目的资金投入，引导金融机构增加对节能项目的信贷支持，为符合条件的节能项目提供优惠贷款和资金。国务院发布的《"十二五"节能减排综合性工作方案》也提出"加大各类金融机构对节能减排项目的信贷支持力度，鼓励金融机构创新适合节能减排项目特点的信贷管理模式。引导各类创业投资企业、股权投资企业、社会捐赠资金和国际援助资金增加对节能减排领域的投入"。

虽然我国已形成了系统的节能减排经济政策框架体系，但由于节能减排工作情况复杂、涉及面广，在政策设计时既要体现政府宏观调控的作用，又要突出企业市场主体的优势；既要有利于完成节能减排指标，又要有利于促进经济快速增长；既要突出灵活性，又要保持稳定性。因此，节能减排经济政策也不是普遍适用、一劳永逸的，要加快研究制定差异化的节能减排政策。具体而言，要特别重视以下几点：

一要着眼企业区域差异。充分考虑东部地区与中西部地区的不同，在节能减排技改资金安排，新上项目能评环评、以及淘汰落后产能等方面，研究制定区域工业节能减排差异化政策。例如，2011 年，财政部、国家发展和改革委员会联合印发的《节能技术改造财政奖励资金管理办法》就规定了差别化的奖励方式：东部地区节能技术改造项目完工后年节能量按 240 元 / 吨标准煤给予一次性奖励，中部地区按 300 元 / 吨标准煤给予一次性奖励。

二要着眼企业行业差异。充分重视重点行业与一般行业的差异，在主要污染物排放总量控制、能源消耗和节能减排技术装备推广等方面，研究制定不同行业节能减排差异化政策。对于一些具有较高社会效益和经济效益的行业来说，政府可通过在税收、融资、工商及市场准入等方面提供优惠政策，积极引导和支持这些行业进入市场，增加这些行业的产品供给，形成有利的市场竞争局面。对于高污染、高能耗、资源型行业，政府应通过一系列切实可行的限制政策限制它们进入市场。

三是着眼企业规模差异。充分考虑大企业与中小企业的差异，在绿色采购、绿色信贷、节能减排服务等方面，研究制定工业企业节能减排差异化政策。一些中小企业规模比较小，在开展节能减排工作中，普遍存在着技术研发、财务管理以及融资等诸多难题，特别是一些中小企业面临的发展资金不足、贷款难、税负高等问题，成为这些企业履行节能减排责任的主要制约因素，需要政府给予优惠政策扶持。

研究制定差异化的节能减排政策不仅是激发企业履责动力的一种有效途径，同时是提升政策针对性与实效性的一种有效途径，因为不同区域、不同行业、不同规模的企业，其节能减排治理的侧重点也不同。以北京和上海这两个超级大都市为例，北京市 2012—2015 年 6 月环境违法企业中，大气污染违法企业高居 70% 以上，因此，北京近几年节能减排的重点，首先是激发企业减排废气，其次是减排固体废弃物；而上海市 2013—2015 年 5 月环境违法企业中，违反建设项目"三同时"的企业一直在 55% 以上，因此，上海近几年节能减排的重点是激发企业自觉遵守建设项目"三同时"制度，同时，上海市的大气、水和固体废弃物违法超标排放也相当严重，每年违法企业都保持在 10% 左右（具体情况见表 5–1 和 5–2）。

表5-1　北京市环境违法企业统计（2012—2015.6）

类　别	2012		2013		2014		2015	
	数　量	占　比	数　量	占　比	数　量	占　比	数　量	占　比
大气污染	191	73.18%	189	75.6%	219	75.26%	45	56.25%
水污染	12	4.6%	8	3.2%	13	4.47%	3	3.75%
建设项目环评	19	7.28%	14	5.6%	11	3.78%	15	18.75%
固体废弃物	25	9.58%	23	9.2%	29	9.97%	7	8.75%
放射性	11	4.21%	12	4.8%	13	4.47%	2	2.5%
其他	3	1.15%	4	1.6%	6	2.06%	8	10%
合计	261	100%	250	100%	291	100%	80	100%

资料来源：北京市环保局。

表5-2　上海市环境违法企业统计（2013—2015.5）

类　别	2013		2014		2015（1—5）	
	数　量	占　比	数　量	占　比	数　量	占　比
违反大气污染防治制度	108	9.62%	188	12.04%	97	11.01%
违反建设项目"三同时"	675	60.11%	875	56.01%	489	55.51%
违反固体废物管理制度	126	11.22%	156	9.99%	86	9.76%
违反环境影响评价制度	28	2.5%	51	3.27%	30	3.4%
违反水污染防治管理制度	137	12.2%	196	12.55%	124	14.07%
超标或超总量排污	44	3.92%	88	5.63%	48	5.45%
不正常使用或者擅自拆除	3	0.27%	6	0.38%	4	0.45%
其他	2	0.18%	2	0.13%	3	0.34%
合计	1123	100%	1562	100%	881	100%

数据来源：上海市环保局。

三、改进制度的针对性与实效性，提升企业履责能力

企业履行节能减排法律责任的能力要素是多方面的，如人力资源、资金、技术、管理等。促进企业履行节能减排法律责任，需要更新理念，创新思维，健全完善有利于提升企业履责能力的体制、制度和机制。

（一）创新企业节能减排内部治理制度

企业节能减排工作是一项系统工程，涉及企业内的不同主体、不同环节和不同层面。对于企业来说，完善内部治理制度的目的是发挥企业中每个员工在节能减排管理工作中的积极作用。只有企业领导层对节能减排工作充分重视，并指派专人负责节能减排管理事务，在企业内部明确节能减排主体责任，才能保障企业节能减排工作顺利开展。

1.建立企业节能减排教育培训制度

企业节能减排教育培训的制度化和有效落实，可以从"人的角度"提升企业节能减排的履责能力。甚至可以说，教育手段是提升企业节能减排能力的根本手段。企业员工尤其是企业领导者的思想认识和节能减排知识水平直接决定了企业的节能减排行为。在环境责任培训方面，法国政府颁布了一系列法规法令；出版了系列教材、著作、期刊；构建了电子信息交流平台；形成了学校、企业、社会相互支撑的环境责任培训机制；对企业负责人和工作人员定期开展案例研讨和环保活动，使企业管理人员自觉履行环境责任和义务。①借鉴法国环境履责的培训制度，我国也亟须建立企业节能减排教育培训制度。在教育内容上，包括节能减排的国家战略、法律、政策、标准、案例等；在教育方式上，采取集中培训和自主学习相结合的方式，重视培训和学习效果的检查验收，适当开展网络答题的方式进行检测；在受教育群体上，根据企业领导人、

---

① 王桂花，李文青，王庆九.完善企业环境责任履行的策略分析[J].环境保护，2014，42(23):74-75.

节能减排负责人和普通员工进行分类教育培训。对教育培训不合格或者节能减排违法企业的负责人规定接受再教育的义务。建议生态环境部制定"企业节能减排教育培训计划"，规定课程的设置、学习时间、学习方式等内容。

2. 健全企业节能减排内部监控制度

立足长远发展，企业应该健全节能减排内部监控制度，增强节能减排法治意识，树立良好企业形象，争当节能减排绿色先锋。例如，锦西天然气化工有限责任公司借助信息化管理平台，推动企业精细化管理、促进企业节能减排，最终实现支持企业可持续发展、增强企业核心竞争力的目的。[①] 中国节能海东青新材料集团在生产非织造环保材料时，践行绿色低碳生产，坚持符合国际、国内环保市场发展需求的发展路线。公司用良好的生产环境管理政策和环境工作沟通机制，始终贯彻清洁生产的宗旨，从源头的"三废"及噪声入手，杜绝污染排放。2010 年，公司率先开展碳足迹认证工作，成为业内首家获得瑞士碳足迹认证的非织造企业。公司还通过福建省晋江市工业旅游示范点的申报和建设，将体验馆、实验室、过滤车间、针刺车间、缝边车间作为工业旅游的景点。低碳工业旅游点的建立不但宣传了公司在环境保护及资源回收利用方面所取得的成效，也为环境保护与经济生产共同发展做出了典范。类似这样的节能减排先锋企业探索出很多很好的内部管控制度，企业要主动探索学习，转变发展方式，国家也应该加大宣传推广力度，营造公平竞争的环境。

3. 完善企业节能减排主体责任制度

保障企业履行节能减排法律责任的关键是落实企业节能减排的主体责任。没有责任主体的责任承担注定是要落空的。完善企业节能减

---

① 王小康.2014 中国节能减排发展报告：能源与环境的双赢机会 [M].北京：中国经济出版社,2014:221.

排主体责任不仅仅要加大责任主体的履责压力，更应该明晰权责，增强责任主体的履责能力。《环境保护法》第四十二条第 2 款规定，"排放污染物的企业事业单位，应当建立环境保护责任制度，明确单位负责人和相关人员的责任"。同时第六十三条规定，"违反法律规定，未取得排污许可证排放污染物，被责令停止排污，拒不执行的；通过暗管、渗井、渗坑、灌注或者篡改、伪造监测数据，或者不正常运行防治污染设施等逃避监管的方式违法排放污染物的"等行为，尚不构成犯罪的，除依照有关法律法规规定予以处罚外，由县级以上人民政府环境保护主管部门或者其他有关部门将案件移送公安机关，对其直接负责的主管人员和其他直接责任人员，处十日以上十五日以下拘留；情节较轻的，处五日以上十日以下拘留。根据这些法律条文来看，不仅对相关责任人的处罚普遍较轻，还存在主体关系不明晰、主体权利模糊的问题。"单位负责人"和"直接负责的主管人员"是什么关系，"直接负责的主管人员"和很多单位设置的"环境监督员"是什么关系，他们的资格如何认定，权利范围如何界定等问题都需要相关法规或制度予以明晰，以免企业负责人安排不合格人员担当"替罪羊"，进而疏于履行企业节能减排的法律责任。

（二）完善企业履责信息公开法律制度

企业节能减排履责能力与企业节能减排履责信息的公开水平显著正相关。详细准确地公开企业履责信息可以提升企业的社会形象，对企业是利好的事情；只有企业责任履行不到位，才害怕公开履责信息，甚至避重就轻、弄虚作假。因此，提升企业履责信息公开水平可以倒逼企业提升节能减排能力，接受政府和社会公众的监督。

企业节能减排信息公开是政府、企业或社会团体等将企业节能减排的相关信息以书面、图像、录音或者数据库等形式依法向政府、企业管理者、企业雇员、消费者、投资者、非政府组织和公众等进行公开或报告。信息公开可以将社会和市场的激励机制引入到企业管理中来，提高企业的生产经营效率。企业节能减排信息披露不仅仅是公众参与监督企业履行节能减排法律责任的前提和基础，也是促进企业完善节能减排责任制度的有力手段。

我国企业节能减排信息公开制度供给不足。2008 年 5 月 1 日实施的《环境信息公开办法（试行）》（下文简称《办法》）旨在通过推动企业公开污染信息治理环境，为企业节能减排信息公开提供制度保障。但从实践中看，企业环境信息公开还存在不少问题：其一，环境信息公开强制性不够，预防效果大打折扣。《办法》对企业环境信息公开采用自愿与强制相结合的原则，仅强制要求"双超"企业公开环境信息。这种较宽松的企业环境信息公开环境，侧重点在于环境污染事件的事后处理，不利于保障公众的环境知情权和参与监督权，也大大降低了环境信息公开在预防环境污染方面的效果；其二，对违法行为的行政罚款标准偏低，法律约束力不足。《办法》第二十八条规定，对违反信息公开义务的"双超"企业由县级以上地方政府环保部门根据《中华人民共和国清洁生产促进法》处 10 万元以下罚款。该处罚数额偏低，导致一些资金雄厚的大企业对此类法规置之不理；其三，法律规定不够明确，约束力不强。新《环境保护法》第五十五条规定，"重点排污单位应当如实向社会公开其主要污染物的名称、排放方式、排放浓度和总量、超标排放情况，以及防治污染设施的建设和运营情况，接受社会监督。"第六十二条规定："违反本法规定，重点排污单位不公开或者不如实公开环境信息的，由县级以上地方人民政府环境保护主管部门责令公开，处以罚款，并予以公告。"这些规定中，企业环境信息如何公开、罚款标准如何确定等问题并不明晰。《办法》第二十三条规定，对环境信息公开模范企业优先配给环保专项资金与清洁生产示范项目，此类政策性引导性规定，其实施需要地方政府的配合，但缺乏操作标准，约束力不强。

企业环境信息公开制度是企业向公众公开其节能减排履责信息的依据和保障。当前企业公开环境信息动力不足，受众单一，信息内容不完整，建议从以下方面进行完善：

1. 完善立法、严格执法。结合企业环境信息公开实践经验，以《环境保护法》确立的基本原则为指引，修订完善《环境信息公开办法》，为企业节能减排履责信息公开提供制度保障。一是扩大信息公开的受众范围，在政府环境管理范围之外，赋予一切单位和个人获得企业节能减排履责信息的权利，以保障公众环境知情权，增强企业节能减排的外部监督压力。二是明确企业环境信息公开的范围和方式，将企业节能减排履责信息纳入强制企业公开的环境信息范围内。通过明确环境信息公开的方式、程序和内容等，为企业公开节能减排履责信息提供可操作的规范或程序。三是合理设定罚则。对违反环境信息公开义务的企业，设定合理的罚则，增大违法成本，可以增强法规的强制性和提升法规的实施效果。另外，在完善立法的同时，要做到严格执法。严格环境信息公开法律法规的执行，既可以让社会获得准确的环境信息，也可以让企业感受到国家环境保护的决心和态度。企业节能减排信息公开可以形成促进企业节能减排的社会合力，增强企业履责压力，提升企业履责能力。

2. 政策引导，增强动力。企业公开节能减排履责信息的主要障碍在于企业环境信息公开的动力不足。为增强企业公开环境信息的动力，可从如下方面进行积极的政策引导。其一，绿色信贷。通过对较好履行环境信息公开的企业给予优惠贷款的政策措施，可以引导一部分企业坚持绿色发展，积极节能减排。2012年2月，银监会出台了《绿色信贷指引》，但相关的信贷标准和企业需求有着较大差距，绿色信贷具体实施难度较大，亟待进一步研究完善。其二，绿色补贴。绿色补贴是基于市场价值规律的要求，对绿色产品进行扶持的经济措施。绿色产品由于环境成本的附加而体现出较高的生产成本，在市场竞争中处于不利地位，需要政策扶持和引导。对此，国家可以根据企业环境信息公开情况来选择绿色补贴对象，可以激励企业自觉公开环境信息，开展清洁生产。其三，绿色消费。众所周知，消费可以在很大程度上影响企业生产方式。通过规范环境标志，将企业环境信息公开情况与环境标志管理相结合，进而引导公众绿色消费行为，可以增强企业环境信息公开动力。

3.完善配套，多方参与。推动企业环境信息公开，需要完善各种配套机构、设施和制度。在企业节能减排信息公开方面，一要重视节能减排信息的收集、整理和分析工作，通过建立"企业节能减排信息中心"，为企业节能减排信息公开提供统一的平台，方便企业节能减排信息公开。二要规范企业节能减排信息公开的方法与标准。根据不同的行业特征，制定相应的信息公开规范，鼓励专业机构开展审计和认证业务，规范企业节能减排信息公开。三要运用信息化手段，提升企业节能减排信息公开效率。通过建立工业能耗在线监测平台，实现能耗数据实时采集，运用通用的监测指标体系进行信息汇总分析和预测预警。企业环境信息公开是一项系统工程，不能单纯依赖或强制企业进行信息公开，应充分调动各方力量，明确职责分工，守住关键环节，营造包括政府、企业、环境监测机构、行业协会与环保组织以及公众在内的多方参与机制，为企业在节能减排等方面的信息公开提供服务和支持。

（三）健全企业节能减排联合履责机制

鉴于不同企业在经济实力、发展目标、技术水平等方面各不相同，要求每个企业都按照统一的方式或要求，通过自身的节能减排技术和能力来实现节能减排目标，并不是一种经济有效的制度安排。企业履行节能减排法律责任不仅仅是企业自身的经济或技术问题，也是人类要共同应对的社会或法律问题。故此，社会需要建立一种能够促进企业履责的协同机制，在政府、商业机构、非政府组织和其他利益相关方之间分享权利，分担责任，也就是探索建立有效的企业节能减排联合履责机制。

就减排而言，党的十八届三中全会通过的《中共中央关于全面深化改革若干重大问题的决定》指出，要"建立吸引社会资本投入生态环境保护的市场化机制，推行环境污染第三方治理"。在传统的污染治理责任关系中引入第三方，实现污染治理的专业化和社会化，无疑可以大大提升企业的节能减排履责能力。在与第三方联合履责的情况下，企业只需要专注于自身生产经营问题，对于污染物的减排责任则以付费的形式交由专业化、专门化的污染治理公司来完成，不仅可以提升企业减排绩效，还可以带动环境服务业、环保技术、环保基础设施建设的提升和发展，提高经济增长质量和社会发展能力，并培育出新的经济增长点。①但是，从立法上看，企业通过环境污染治理合同将减排责任转移到专门性的治污企业的法律后果，目前尚无明确的法律规定。如果污染治理企业发生超排、偷排等行为，在既有法律规定下，环保部门追究治污企业的法律责任还是追究生产企业的法律责任还有待明晰。

就节能而言，合同能源管理是一种新型的市场化节能机制。合同能源管理是具有专业节能技能的科研单位、公司或者个人利用所掌握的专业的节能技术或管理手段为能源消耗单位提供节能服务，从而实现双赢的一种形式。其实质就是以减少的能源费用来支付节能项目全部成本的业务方式。这种节能投资方式允许客户用未来的节能收益为工厂和设备升级，以降低目前的运行成本；或者节能服务公司以承诺节能项目的节能效益或承包整体能源费用的方式为客户提供节能服务。能源管理合同在实施节能项目的企业（客户）与节能服务公司之间签订，它有助于推动节能项目的实施。依照具体的业务方式，其可以分为分享型合同能源管理业务、承诺型合同能源管理业务、能源费用托管型合同管理业务。

---

① 范战平.论我国环境污染第三方治理机制构建的困境及对策[J].郑州大学学报（哲学社会科学版）,2015,48(2):41-44.

由于合同能源管理这种形式兼顾了技术持有单位和能源消耗单位的利益，所以具有非常广阔的前景，如果运作的方法得当，将会使技术持有人、能源消耗方以及国家和社会多方受益。但合同能源管理也面临管理和制度等方面的多重障碍①，需要认真研究解决。

综上，企业应积极探索节能减排联合履责机制，如此才能既切实履行节能减排法律责任，又能专注于企业的生产经营活动。为了健全企业节能减排联合履责机制，笔者建议成立"企业节能减排责任协调委员会"。该机构的职责主要是在国内推进企业履行节能减排法律责任，制定国家层面的战略，组织、协调、监督相关战略和政策的实施，协调各部门之间的沟通以及向国家决策层提供多方面的建议。

① 李保华.国内合同能源管理中存在的问题与对策研究 [D].合肥：安徽大学,2012:135-137.

结论与思考

一、研究建议

本研究紧扣我国企业节能减排法律责任制度方面存在的三大缺陷（即制度的权威性与惩罚性不够、激励性与引导性不足、针对性与实效性不强），导致现实中企业履行节能减排法律责任出现三大困境（即企业履责无压力、无动力、无能力）这一研究主题，结合作者对我国近年来节能减排数据的分析与统计，在调研的基础上，有针对性地提出如下研究建议：

第一，建议国务院研究制定《节能减排条例》。通过《节能减排条例》实现环境保护法、节约能源法、大气污染防治法、水污染防治法等有关法律的沟通和协调。《节能减排条例》的出台，一方面可以强化企业负有的节能减排法律义务，培育企业"预期责任"意识。另一方面可以推动相关法律法规和标准的健全完善，加重企业"过去责任"。

第二，完善工业节能减排标准体系。健全完善的节能减排标准可以为企业节能减排行为责任的认定提供科学的、可操作的判断标准和认定依据。节能减排标准以具有法律效力的形式和程序来确定和评价企业节能减排履责行为，对企业具有法律效力并形成履责压力。

第三，加强对企业和政府领导干部的节能减排行政问责力度，落实企业主体责任。我们可以在现有的法律框架内，完善企业节能减排工作的执行机构和管理机构，明晰节能减排执行和管理主体的地位、权利和义务，依法建立责任主体明确、权责利一致的企业节能减排执行和监管机构。

第四，构建信息化节能减排市场，给企业提供有效的市场信息，推动企业主动节能减排。各级政府和相关职能部门应当务实地建立企业节能减排信息共享数据库，建立面向市场的节能产品信息披露机制，完善企业节能减排履责情况公告制度，实现节能减排信息管理服务制度化。

第五，运用更加有效的市场化手段促进企业节能减排。经济问题必须用经济手段解决。鉴于企业在市场经济背景下履行节能减排法律责任的动力不足，政府应该从税收、信贷、市场准入、投资、政府采购等方面制定激励措施，运用经济和政策杠杆，营造企业履行节能减排法律责任的良好履责环境。目前，节能减排自愿协议和节能减排产权交易是值得认真完善并积极运用的市场化工具。

第六，研究制定差异化的节能减排政策。根据东部地区与西部地区、重点行业与一般行业、大企业与中小企业等存在的差异，应着眼于区域差异、行业不同和企业大小，制定差异化节能减排政策，留足企业发展空间，激发履责动力。

第七，完善企业内部治理制度，发挥企业每个员工在节能减排管理工作中的积极作用。企业节能减排是一项系统性工程，关涉到企业内的不同层面、不同环节和不同主体。只有领导层对节能减排工作充分重视，委派专人从事节能减排管理事务，明确企业内部的节能减排主体责任，企业节能减排工作才能顺利开展。

第八，提升企业节能减排履责信息公开水平，倒逼企业提升节能减排能力。企业节能减排履责能力与企业节能减排履责信息的公开水平显著正相关。详细准确地公开企业履责信息可以提升企业的社会形象，对企业是利好的事情；只有企业责任履行不到位，才害怕公开履责信息，甚至避重就轻、弄虚作假。

第九，探索建立有效的企业节能减排联合履责机制，在政府、商业机构、非政府组织和其他利益相关方之间分享权利，分担责任。鉴于不同企业在经济实力、发展目标、技术水平等方面各不相同，要求每个企业都通过自身的节能减排技术和能力来实现节能减排目标，并不是一种经济有效的制度安排。环境污染的第三方治理和合同能源管理都是行之有效的联合履责方式。

二、研究反思

本研究经历了近五年的时间，在整个研究过程中，课题组始终坚持理论联系实际的学风。在不断学习环境资源法理论和国家宏观经济政策的同时，付出了大量的时间和精力深入调查研究，尽最大努力保证研究结论的可靠性和科学性。回顾和反思整个研究过程，付出了诸多辛劳，基本实现了预期目标，但也存在着一些不尽如人意之处：一是繁重的教学任务影响研究进程。由于作者主要是来自高等学校的专任教师，各自承担着繁重的教学任务，课题研究只能"见缝插针"地进行，这种状况在一定程度上影响了研究进度，以致于课题研究迟迟不能按期结题。二是实地调查过程中的现实困境。虽然课题组迫切希望能够获得各类企业节能减排的真实数据，也利用各种机会走进企业以了解实际情况，但由于企业节能减排问题还是一个带有一定敏感度的问题，一些掌握了实践材料的受访者普遍采取"报喜不报忧"或者"严格保密"的态度，经常导致课题组"无功而返"，实为本研究的一大遗憾。三是对策分析可以更深入一些。本报告中有关企业节能减排法律责任制度的完善建议更多的是体系性和方向性的，如果能够再多投入一些精力，对部分具体制度进行深究，从中还可能揭示出更有价值的信息。

三、研究展望

研究报告的完成标志着本次研究任务的基本完成，但并不意味着对本课题的研究就到此结束，更不代表本研究所提出的问题得到了彻底解决。我们在研究过程中特别是实地调查中深深感到，企业节能减排是一项系统工程，不是一个课题研究就能够完全解决的。一方面，随着国家环境保护力度的增强、宏观经济政策的调整、科学技术的发展和国际贸易的交往，企业在履行节能减排法律责任方面也呈现出新的特点和遇到新的困难，这些都需要进一步的跟踪研究。另一方面，尽管学理研究可以理清企业履行节能减排法律责任的总体思路和提出具体建议，但是要把研究成果转化为一种现实力量，进而改善企业履行节能减排法律责任的客观环境，还有许多研究之外的工作要做。

就目前我国节能减排的实践情况看，企业在履行节能减排法律责任方面普遍呈现出"无压力、无动力、无能力"等无力状态。这其中，固然有经济、文化、政治等多方面的原因，但我国企业节能减排法律责任制度缺陷是企业节能减排法律责任履行状况不尽如人意的重要原因之一。虽然近年来国家法律法规和政策不断完善，但企业节能减排法律责任制度的权威性与惩罚性、激励性与引导性、针对性与实效性等均有很大的提升空间。

参考文献

[1]   DOUMA W T, MASSAI L, MONTINI M. The Kyoto Protocol and beyond legal and policy challenges of climate change[M]. Hague: T.M.C.Asser Press, 2007.

[2]   DTI(Department of Trade and Industry). Energy white paper:Our energy future—create a low carbon economy[Z].London:DTI,2003.

[3]   STERN N.The economics of climate change: The stern review[M]. Cambridge: Cambridge University Press, 2007.

[4]   STERN N.Key elements a global deal on climate change[M]. Lodon: The London School of Economics and Political Sciences, 2008.

[5]   IPCC. Climate change 2007: Mitigation of climate change[M]. New York: Cambridge University Press,2007.

[6]   DTI(Department of Trade and Industry). Energy white paper: Meeting the energy challenge [Z]. London:DTI,2007.

[7]   POUND R. Jurisprudence[M]. St Paul:West Publishing Company,1959.

[8]   HOBBES T. De Cive[M]. New York: Appleton–Century–Crofts.

[9]   [奥] 凯尔森 . 法与国家的一般理论 [M]. 沈宗灵 , 译 . 北京 : 中国大百科全书出版社 ,1996.

[10] [美]爱蒂丝·布郎·魏伊丝.公平地对待未来人类:国际法、共同遗产与世代间衡平[M].汪劲,于方,王鑫海,译.北京:法律出版社,2000.

[11] [美]E.博登海默.法理学:法律哲学与法律方法[M].邓正来,译.北京:中国政法大学出版社,2004.

[12] [美]莱斯特·R.布朗.生态经济革命——拯救地球和经济的五大步骤[M].台北:扬智文化事业股份有限公司,1999.

[13] [美]莱斯特·R.布朗.生态经济:有利于地球的经济构想[M].林自新,戢守志,等译.北京:东方出版社,2002.

[14] [美]乔治·恩德勒.面向行动的经济伦理学[M].上海:上海社会科学院出版社,2002.

[15] [日]金泽良雄.当代经济法[M].刘瑞复,译.沈阳:辽宁人民出版社,1988.

[16] [日]原田尚彦.环境法[M].北京:法律出版社,1999.

[17] [苏]Л.B.巴格里–沙赫马托夫.刑事责任与刑罚[M].北京:法律出版社,1984.

[18] [英]边沁.道德与立法原理导论[M].时殷弘,译.北京:商务印书馆,2000.

[19] [英]A.C.庇古.福利经济学[M].朱泱,张胜纪,吴良健,译.北京:商务印书馆,2006.

[20] 曹孟勤.人性与自然:生态伦理哲学基础反思[M].南京:南京师范大学出版社,2004.

[21] 高桂林.公司的环境责任研究[M].北京:中国法制出版社,2005.

[22] 国家环境保护局办公室.环境保护文件选编(1973—1987)[M].北京:中国环境科学出版社,1988.

[23] 国宏美亚(北京)工业节能减排技术促进中心.2012中国工业节能进展报告:"十二五"工业节能形势与任务[M].北京:海洋出版社,2013.

[24] 林仁栋.马克思主义法学的一般理论[M].南京:南京大学出版社,1990.

[25] 刘俊海.公司的社会责任[M].北京:法律出版社,1999.

[26] 卢代富.企业社会责任的经济学与法学分析[M].北京:法律出版社,2002.

[27]　吕世伦.法理的积淀与变迁 [M].北京:法律出版社,2001.

[28]　陶伦康.循环经济立法理念研究 [M].北京:人民出版社,2010.

[29]　王小康.2014中国节能减排发展报告:能源与环境的双赢机会 [M].北京:中国经济出版社,2014.

[30]　王果纯.现代法理学——历史与理论 [M].长沙:湖南出版社,1995.

[31]　魏杰.产品背后的竞争 [M].北京:中国发展出版社,2004.

[32]　邢继俊,黄栋,赵刚.低碳经济报告 [M].北京:电子工业出版社,2010.

[33]　徐本鑫.中国集体林权流转立法研究 [M].北京:中国政法大学出版社,2014.

[34]　杨拴昌.2013—2014年中国工业节能减排发展蓝皮书 [M].北京:人民出版社,2014.

[35]　郑少华.生态主义法哲学 [M].北京:法律出版社,2002.

[36]　《中国环境年鉴》编委会.中国环境年鉴1997[M].北京:中国环境科学出版社,1997;中国环境年鉴2002[M].北京:中国环境科学出版社,2002.

[37]　王红一.公司法功能与结构法社会学分析——公司立法问题研究 [M].北京:北京大学出版社,2002.

[38]　白永秀,李伟.改革开放以来的资源环境管理体制改革:历程梳理与后续期盼 [J].改革,2008(9):26-36.

[39]　蔡守秋.环境正义与环境安全——二论环境资源法学的基本理念 [J].河海大学学报(哲学社会科学版),2005,7(2):1-5.

[40]　蔡守秋.论追求人与自然和谐相处的法学理论 [J].现代法学,2005,27(6):54-61.

[41]　曹明德.生态法的理论基础 [J].法学研究,2002,24(5):98-107.

[42]　曹明德,刘明明.节能减排的法律对策思考 [J].清华法治论衡,2010(1):311-327.

[43]　陈剑锋.低碳经济:经济社会发展方式的全新变革 [J].求实,2010(2):52-55.

[44] 戴胜利,褚义景.我国促进节能减排的市场体系构建[J].武汉理工大学学报,2010,32(4):121–125.

[45] 邓成明.节能减排问责制的软法进路分析及其完善[J].暨南学报(哲学社会科学版),2013,35(6):71–80.

[46] 董溯战.循环经济法中的政府责任研究——基于自然资本安全的视角[J].中州学刊,2009(5):93–96.

[47] 樊万选.节能减排:企业义不容辞的社会责任[J].企业活力,2008(2):4–6.

[48] 范战平.论我国环境污染第三方治理机制构建的困境及对策[J].郑州大学学报(哲学社会科学版),2015,48(2):41–44.

[49] 高红贵.我国环境质量管制的现状及其对策研究[J].湖北社会科学,2005(7):31–32,50.

[50] 高清.论企业环境责任的建构[J].法学杂志,2009,30(7):82–84.

[51] 韩利琳.低碳时代的企业环境责任立法问题研究[J].西北大学学报(哲学社会科学版),2010,40(4):159–164.

[52] 金明红,李爱仙,成建宏,等.建立我国能效信息标识制度的有关问题[J].中国能源,2004,26(3):42–44,10.

[53] 李挚萍.节能减排指标的法律效力分析[J].环境保护,2007(12):30–33.

[54] 刘超.论环境标准制度的环境侵权救济功能[J].华侨大学学报(哲学社会科学版),2014(3):107–115.

[55] 刘文燕.生态法律关系主体分析[J].法律适用,2003(4):42–44.

[56] 刘文燕,刘滨.生态法学的基本结构[J].现代法学,1998(6):100–101.

[57] 刘毅.企业环境责任的法律制度研究[J].黑龙江对外经贸,2011(2):80–81,141.

[58] 刘云佳.改革开放30周年中国城市住宅产业回顾之——节能减排政策全收录[J].城市住宅,2008(2):24–34.

[59] 刘志坚.环境行政法律责任实现论[J].昆明理工大学学报(社会科学版),2009,9(9):9–14.

[60] 孙佑海.能源立法——实现能源安全的有力保障[J].法学杂志,2007,28(5):32-35.

[61] 孙佑海.影响环境资源法实施的障碍研究[J].现代法学,2007,29(2):32-37.

[62] 孙钰.打破企业环境信息公开的"禁忌"[J].环境保护,2009(2):57.

[63] 陶伦康,鄢本凤.低碳经济立法的价值诉求[J].西北农林科技大学学报(社会科学版),2011,11(5):163-167.

[64] 陶伦康,鄢本凤.节能减排立法的伦理基础[J].昆明理工大学学报(社会科学版),2009,9(5):1-6.

[65] 陶伦康.节能减排立法目的探究[J].兰州学刊,2010(9):119-123.

[66] 田翠香,刘祥玉,余雯.论我国企业环境信息披露制度的完善[J].北方工业大学学报,2009,21(2):11-16.

[67] 王桂花,李文青,王庆九.完善企业环境责任履行的策略分析[J].环境保护,2014,42(23):74-75.

[68] 王明远.略论环境侵权救济法律制度的基本内容和结构——从环境权的视角分析[J].重庆环境科学,2001,23(2):17-20.

[69] 王树义.生态安全及其立法问题探讨[J].法学评论,2006(3):123-129.

[70] 王妍,卢琦,褚建民.生态效率研究进展与展望[J].世界林业研究,2009,22(5):27-33.

[71] 魏静.公司环境责任探析[J].西南民族大学学报（人文社会科学版）,2009,30(1):164-167.

[72] 吴真.企业环境责任确立的正当性分析——以可持续发展理念为视角[J].当代法学,2007,21(5):50-54.

[73] 肖国兴.论中国节能减排的法律路径[J].郑州大学学报(哲学社会科学版),2010,43(6):55-60.

[74] 徐本鑫,陶伦康.论低碳经济下生态效率的法律调整[J].现代经济探讨,2010(10):89-92.

[75] 徐本鑫.低碳经济下生态效率的困境与出路[J].大连理工大学学报(社会科学版),2011,32(2):12–16.

[76] 张国兴,高秀林,汪应洛,等.中国节能减排政策的测量、协同与演变——基于1978—2013年政策数据的研究[J].中国人口·资源与环境,2014,24(12):62–73.

[77] 张兰,宋金华.企业环境责任的内化及其法律保障机制[J].经济导刊,2011(3):66–67.

[78] 张连辉,赵凌云.1953—2003年间中国环境保护政策的历史演变[J].当代中国史研究,2008(1):122–123.

[79] 张绍鸿,尤建新.建立健全节能减排法律法规体系[J].科技与法律,2010(4):19–24.

[80] 张士元,刘丽.论公司的社会责任[J].法商研究(中南政法学院学报),2001(6):106–110.

[81] 张彤华.环境刑事责任的实现[J].北方环境,2011,23(8):1–3.

[82] 张丽娟,赵惊涛.我国智能化环境执法存在的问题及对策[J].环境保护,2014,42(23):64–65.

[83] 周宏春.环境保护应成为我国又好又快发展的重头戏[J].中国发展观察,2008(12):19–22.

[84] 周宏春,季曦.改革开放三十年中国环境保护政策演变[J].南京大学学报(哲学·人文科学·社会科学版),2009,46(1):31–40.

[85] 周媛,彭攀.生态哲学视野下的中国低碳经济[J].理论月刊,2010(4):39–42.

[86] 朱慈蕴.公司法人格否认法理与公司的社会责任[J].法学研究,1998(5):82–99.

[87] 竺效.生态损害填补责任归责原则的两分法及其配套措施[J].政治与法律,2007(3):89–94.

[88] 诸大建,朱远.生态效率与循环经济[J].复旦学报(社会科学版),2005(2):60–66.

[89] 曾正德.历代中央领导集体对建设中国特色社会主义生态文明的探索[J].南京林业大学学报(人文社会科学版),2007,7(4):18—26.

[90] 李保华.国内合同能源管理中存在的问题与对策研究[D].合肥:安徽大学,2012.

[91] 李汶.我国节能减排政策法律完善研究[D].杨凌:西北农林科技大学,2010.

[92] 罗晓萌.节能自愿协议法律研究[D].桂林:广西师范大学,2008.

[93] 闵宁莉.低碳经济背景下企业环境社会责任追究机制研究[D].长沙:中南大学,2010.

[94] 孙晓伟.企业环境责任缺失:成因及治理[D].成都:西南财经大学,2010.

[95] 陈维灯.我市民间环保公益诉讼实现"零"突破[N].重庆日报,2014—12—05(4).

[96] 程晖.节能减排需从体制改革上破题[N].中国经济导报,2014—11—04(A01).

[97] 达涌.全国智慧能源云平台正式启动[N].人民邮电,2015—02—12(06).

[98] 方家喜.多部委"釜底抽薪"去过剩产能[N].经济参考报,2013—07—09(1).

[99] 胡迟.我国企业节能减排状况的调查分析[N].企业家日报,2014—10—19(W04).

[100] 陆文军,叶健.上海:节能减排,"负面清单"对高能耗说不[N].新华每日电讯,2015—01—06(02).

[101] 吕忠梅.节能减排,法律该做些什么[N].法制日报,2007—05—15(03).

[102] 庞继光.阳宗海受砷污染影响渔民将获补偿[N].云南科技报,2009—7—9(06).

[103] 万静.节能减排考评制度欠合理[N].法制日报,2011—03—11(06).

[104] 王乐飞,周松华.沙钢晒出"绿色账单"[N].苏州日报,2015—04—19(A01).

[105] 吴志红.治污第三方:开启万亿大市场[N].人民政协报,2015—04—24(07).

[106] 谢炜.阳宗海砷污染案终审判决[N].云南日报,2009—8—27(02).

[107] 谢贤伟.整合,"挤"出最大节能[N].福建日报,2014—01—03(02).

[108] 阳光 . 节能减排需要制度创新 [N]. 21 世纪经济报道 ,2009-06-02(020).

[109] 张晴 . 重钢股份 : 制定详细碳配额管理制度 出售配额获利近百万 [N]. 21 世纪经济报道 ,2015-03-28(018).

[110] 朱剑红 , 左娅 . 产能过剩再分析 [N]. 人民日报 ,2014-03-17(019).

[111] 李锦兰 .2014 年云南省节能工作回顾 [N]. 云南经济日报 ,2014-12-30(A03).

[112] 莫神星 . 我国能源安全保障法律问题探讨 [C]. 环境法治与建设和谐社会——2007 年全国环境资源法学研讨会（年会）论文集（第四册）兰州 : 兰州大学 ,2007:11.